人生有味

賴東明 著

側身服務巨輪

序　扶輪三十七年服務點滴

賴東明

常聞言，人生有甜酸苦辣。然何事何物具有此味，未必有客觀標準來分別界定，全憑主觀認定其味屬於何味。然主觀美味尚需他們來欣賞。

八十多歲翁參加扶輪活動已有三十七年月，其間參加多項扶輪服務，亦有甜酸苦辣之感受。事後回憶反省雖不會船過水無痕之感嘆，然有齒頰留香之感心。

眾多扶輪人建議不應將這些留香感心之扶輪活動藏於私心，宜將其公開與眾人分享，並請求指教，以期創立有年、穩健發展之扶輪活動早日傳播其扶輪「服務之理想」於國際、於世界。這是每位扶輪人之期盼，亦是努力目標，豈是老翁之白日夢？

成立於國際三五二〇地區台北北區扶輪社已有三十七年，側身該社每年服務活動感受或受惠良多，未敢獨佔之，反而覺應將受益分享他人。乃執筆做紀錄，迄今已累積有不少件數，乃在台北北區社友數人鼓吹下將其付梓。

難敵社友熱情，乃從善如流，不惜獻醜於同好、同仁之前。

在邀請讀者進入拙文前，宜先敘說文章之背景。非歷史條列地說明，而是扶輪任務之備註。請不必嚴謹考據，不妨於茶餘飯後讀之，則將會是老翁之榮幸。

以下列舉走過之來路摘要：

一、幸承李炳桂、林進財二位社友之推薦，一九七八年十月十七日得以入社。之前曾有申請失敗之遺憾。

二、奉派服務工作為在簽到櫃枱桌旁為報到社友選取名牌。

三、奉派為糾察。負責例會之會場秩序安靜、布旗、道具之定位，檢查餐飯之口味、食安，檢視排設之整潔、徽章之佩戴與否，以及負責募款等。為推廣己身之職業及強化現場秩序，乃於每週執勤時介紹一句廣告標題。被推為社長。為解決社員少、前社長多之窘境，努力增員，造成超越百人社員之紀錄。為使姊妹社多能來參加本社三十週年慶，拜訪散在東北亞與東南亞之七個姊妹社。

四、奉派為地區公關主委。籌辦迷你馬拉松之新聞發布，並協助籌款。幸有本社張道炷社長之黑松公司贊助飲料，解決了大半難題。時地區總監為黃其光先生。

五、被推為地區年會籌委兼執行長。當時為三四八地區，尚無當今之三四八〇地區及三五二〇地區。場地為來來大飯店地下層。籌委個個抱病完成此項艱難工作。

六、奉派為國際年會台北大會之籌委兼文宣主委。來自國際之扶輪社員超過歷屆，排設台灣口味、台灣風味等之食品與物品，創新會展演出。出席人數超過預期，住宿旅館擴及至基隆、桃園等縣市。交通車無數，及時調派。開幕典禮分上午及下午二場，在林口體育場舉行。在歡迎會分散在三十家飯店，各處會場於晚上八點鐘大家同時同聲舉杯喊「乾杯」。該年度年會主題為「乾杯在台北」，事後檢討會上該年會執行長皮猜．拉達庫讚不絕口。皮猜曾任泰國外交部長，並在事後榮任國際扶輪總社社長（如今之社長為黃其光先生）。

七、受邀參加台日國際扶輪親善會，被推為常務理事。在台灣，各地扶輪社與日本扶輪社結為姊妹社者不知凡幾，如台北北區扶輪社就與大阪北區扶輪社，與京都北區扶輪社，與東京北區扶輪社等，分別結為姊妹社。台灣八八水災時，日本日台扶輪親善會在台東縣和平鄉建造了五十棟中繼屋，以使災民在家宅被淹毀後，可臨時棲身以待覓得新居。當日本發生三一一的天災時，災後台灣的台日扶輪親善會就從各地扶輪社募得捐款，整筆匯給日方親善會，該會就以台灣捐獻為基金成立「和風獎學金」，來獎助受災學生繼續就學與升學。

日方親善會會員土屋亮平前地區總監，從五年前迄今年年捐款買樹苗，種植櫻花樹於烏山頭水庫周圍；在庫畔堤防，在八田與一夫婦墓旁，在當年員工宿舍舊址等，增添了水庫美景。相信五年後定能得見櫻花蓋天鋪地盛開。台灣必將增一處觀光勝地，使得遊客更加認識烏山頭水庫暨嘉南大圳對台灣米糧生產之貢獻。台灣仍受惠於日殖民時代之公共工程，台灣人雖不可忘曾被統治之歷史，但宜感謝其施政恩澤。

八、奉派擔任三五二〇地區年會總社代表視察之隨從。當年扶輪總社指派日本前地區總監圡屋亮平來台，而三五二〇地區總監則指派了地區前社長賴東明為其隨從。原因在於：（一）任社長期間表現優越。（二）熟悉地區扶輪服務實況。（三）具有豐富扶輪知識、歷史。（四）精通日本語言，瞭解日本現勢等。

據台中地區前總監林士珍所言：「人選難找，推敲再三，最後選定你。」這位中一中前輩加強一句：「要保持第一，別丟名譽。」五天四夜的隨從服務就此展開。而與圡屋前總監結緣以來已逾七年，友誼關係越來越密切，這是扶輪之賜。

九、奉派擔任地區米山獎學金委會主委。始知台灣赴日留學生有三千人曾在留學日本期間獲有日本扶輪社所設立之米山梅吉獎學金。

該獎學金是日本扶輪人為紀念日本扶輪創設者而設立，其基金用於獎助世界各國學生在日就學，是一種國際性服務。

獲獎台灣留日學生在歸國後散落於台灣各地，台灣七個地區扶輪地區總監乃設立地區委員以服務歸國留日學生，如舉辦聯誼會等等活動。

幼少時常聽先祖父說道：「喫人一斤要還人四兩。」意即別人有恩於我要表示感謝，並加以回報，不可白吃、白拿。首次會議時乃請教米山留學金委會委員，眾皆表示應謝恩，於是發動募款。得款百萬日圓，乃偕昔日米山留學生而今日已是有「通路教父」之稱的徐重仁總經理，及捐助弱勢者享有聲譽之台灣英文雜誌社陳嘉男董事長等三五名，前往東京米山獎學基金會捐款，獲當時該基金會主委末永直行之熱烈歡迎。他云：「受領獎學金之留學生母國已有四五十國，然台灣是第一個表示感謝之扶輪人國家。」為感謝日本米山獎學會支助台灣留日學生，以捐款來回報，雖是些微小事，卻是有著極大迴響。捐款給米山獎學會已是二三十年前往事，但在二國親善會聚頭討論服務事誼時常被日本與會者提及。古訓有云：「報恩是美德。」台灣的扶輪教育基金會年年支助碩士與博士研究基金，然而限定在本國生；為使國際化，從五年前就接納外國來台之碩士與博士研究生。其中得獎助金者，以日本留學生居多。回謝百萬日圓之報恩行為幸得推行之餘，如今有台幣獎助外國來台留學生。人生總是在有來有往之生活裡。

十、台北北區扶輪社有一特色制度，云箍桶會，奉派主持之。自創設以來已有五年，其創設宗旨是在使新進社員早日瞭解扶輪社為何組織、如何運作、什麼是服務、如何來聯誼等，以使彼等更早日、更深入與舊社員相處愉快，努力服務。這個箍桶會是體制外活動，由前社長自動當餐會主人，並藉會餐中解答新人之疑惑。既是聯誼，又是教育。除了前社長擔任講師外，並邀請其他地區傑出卓越扶輪前輩來擔任講席。迄今已產生新社員留存率提高之效果，至感欣慰。

十一、奉派擔任扶輪親恩基金之主委。一屆連一屆被派，先後有七屆。台北北區扶輪社的扶輪親恩基金會創設於一九七七年，創立宗旨在於獎助失去雙親、品學兼優、清寒大專生。是由楊昌烈、毛民初、張和鈞等扶輪前輩所發起，吳運權、何棟梁等前社長所響應而成立的，近四十年來嘉惠不少台灣北部地區失親、品善、學優之大專學生。親恩獎學基金曾捐款與北區扶輪社共同建造扶輪親恩公園，該公園座落於內湖邊，事後獻給台北市政府。

扶輪親善基金之工作主在促社員捐款、審核學生申請並面談、舉辦致贈晚會等。工作段落不多，但每一段落皆辛苦備嘗，但工作一旦告成則心情安心至極，心感又做了助人善行一事。

十二、從上觀之，三十七年來所參與的扶輪服務活動，本身有幸學習了助人之道、與人相處之理、自我努力之心等等，真是個引人上進之社會團體。

台北北區扶輪社五十七年來推動的扶輪服務有異於別社而獨樹一格。扶輪社所推行的服務活動，必有若干角落被遺漏，該社則以社務服務、職業服務、社區服務、國際服務及次世代服務等活動補充之。

如常被遺忘的父愛、被遺落的失親學生等問題，從其年年舉辦的父親給兒女的一封短信活動、日日展示的父愛銅像、阿爸的石雕像、年年二度舉辦的失親學生獎助金致贈晚會，就可明白已超五十年社齡的被拱為老大社的台北北區扶輪社依然日新又新、精力百倍地推動扶輪服務，並左右四顧撿他人所落事項來「拾穗」充實以落實社會公益。老翁置身於台北北區扶輪社運轉三十七年，側身於服務活動未知其數，迄今受益良多。是以敢將受益心得公諸於世，讓世人認識。請眾人支持扶輪，參加扶輪活動。

國際扶輪社創立百週年，斯年台北北區扶輪社將其營造的扶輪親恩公園捐獻給台北市政府，做為市民遊憩場所。

被派負責國際扶輪年會台北大會的籌委會推廣部，招國際客人來台展開近三年之宣傳廣告活動，將熱情的台灣「乾杯在台北」活動傳播給予百國百萬扶輪人。

導讀　扶輪精神

扶輪社是國際性聯誼與服務團體，一九〇五年成立於美國芝加哥。從事世界性聯誼與服務，諸如消滅小兒麻痺症、倡導世界和平等。目前在台灣已有超百社數，秉持著國際扶輪宗旨，推動其聯誼與服務嘉惠台灣。

「扶輪之宗旨」在於鼓勵並培養以服務精神為可貴事業之基礎，尤其著重於鼓勵與培養：

一、增廣相識為擴展服務之機會；

二、在各種專業及專門職務中，提高道德之標準，認識一切有益於社會的業務之價值，及每一扶輪社員應尊重其本身之業務，藉以服務社會；

三、每一社員能以服務精神應用於其個人、事業及社會之生活；
四、透過結合具有服務精神之各種事業及專門職務人士，以世界性之聯誼，
　　增進國際間之瞭解、親善與和平。

並時時遵行「扶輪四大考驗」：
一、是否真實？
二、是否公平？
三、能否促進親善友誼？
四、能否兼顧彼此利益？

扶輪社並有五大服務：社務服務、社區服務、職業服務、國際服務與新世代服務。台灣的扶輪社曾於台北舉辦國際扶輪年會，而台灣扶輪人黃其光更曾出任國際扶輪總社社長。

目次

扶輪服務，服務扶輪——分享服務芬芳

緣起扶輪

——幸有人賜我三十七年服務機會

台北北區扶輪社剛辦完該社五十五週年慶，其中包含，該社特色的扶輪親恩基金三十五週年。做為社員與大家匆忙度過值得回味的日子，事隔許久才猛然想起自己入社也已有三十五年之久。

那是一九七八年夏天，當時正忙於協助父親處理自家薄產，也忙於與初識的廣告人創辦《動腦》雜誌之時。多年的老顧客，後來成為好朋友的勝豐貿易公司總經理李炳桂來電話邀我吃午餐，日子訂在週二中午，地點在統一飯店十二樓。

與李總久未見面，心盼會有快樂時光。依約到達，他已在門口笑臉迎我。他找位置，兩人比鄰而坐。話沒說幾句就聽到「起立」之聲，見左右前後眾人紛紛起立，這時方知這裡是集會場所。之後就看見有人致詞，有人募款，有人唱歌，有人講演，這些活動均是在起立坐下後的時間進行。唯為尊敬講演者，在講演時段則無任何活動，大家屏息靜坐。

如是老友見面未談幾句，卻只見與我無關的人在宣揚扶輪服務、社會公益等等，真是新鮮事。見慣了爭利的社會而如今卻初觸談義的集會，自嘆涉世不深。

二點鐘散會，只覺過程好奇，又覺接觸了社會的中堅上層階級。李炳桂先生問我：「感覺如何？」答以「感覺尚好」，他則性急地說：「下星期二中午再來，我請客。」

下星期二再成為李炳桂先生的座上客。這次印象深刻的是祕書做報告前先講一個笑話，而後在人人開懷之下報告冷冰冰的事務；並觀察到糾察不僅在維持會場秩序，還針對個人要求捐歡喜錢，且讓個個樂掏腰包。此外，也注意到報紙上常見到的人物，如曹仲植、趙常恕、沈祖海等事業有成者現身在會場上。至於講演人是誰、講題為何，則已忘得一乾二淨，實在有愧於來指導之飽學之士。

會後李炳桂先生再邀請下週同來。個人因為對該週二集會雖不覺有致命吸引力，但也無厭惡至極的心情，遂也覺「無三不成禮」，就爽快答應再來。

第三度參加餐會時李炳桂先生給我介紹了林宏、陳炳煌、吳運權、陳天助等幾位在社會或企業上享有盛譽的人士，心想如能有機會從這幾位精英身上學習為人做事那該多幸福！

接受李炳桂先生的三次邀宴，參加三次集會後，他再問：「觀感如何？」答以：「集會目的雖不甚清楚，但開會方式卻令人開心，且會場參加者個個均是值得尊敬人士，應該不會是害人組織，可能是助人團體。」

受過長期白色恐怖統治的人，在恐怖之餘對組織或團體均抱有避之唯恐不及之心態。從三次經驗與李炳桂先生的為人看來，應不會是害人敗事的組織，可能會是助人行善的社團。

李炳桂先生在筆者首肯下做出入社的申請。然事違人願，入社推薦未獲允准。李炳桂先生對此氣憤不平，由此看來，他對筆者愛之深、提攜之切。未能獲准之因是在就業欄內填的是益東公司，而此公司並不設籍在台北，非北區扶輪社服務區域。於是再以《動腦》雜誌社創辦人身分申請，於是符合了北區扶輪社之入社條件。

是以扶輪名就取與動腦有關係之Brain。推薦入社過關後李炳桂先生甚為高興，並邀大學同期生的林進財會計師為共同推薦人，以符合扶輪社需二名推薦人之規定。

入社儀式舉行日記得有七人並排站立，接受既有社友眾人之握手歡迎。經過歲月之淘洗，如今尚在社內從事服務者只剩二人，楊建礎與筆者，均已是八十歲老翁，三十七社齡資深社員。

入社伊始被派任的服務工作就是社友聯誼。如何去做，北區扶輪社有其辦法。要比別的社友早到，站在簽到枱桌邊，向老社友問安，看其簽名，馬上尋找其名牌，趕緊將其名牌遞上或為其掛上，手示進門方向目送老社友入場。至於為何要在枱桌邊站立來服務，是基於扶輪社之基本觀念。扶輪社是服務社團，是以群體來服務眾人的，因此旨在凝聚群體力量，而友誼應是其基本。是以扶輪社是由「以聯誼來服務」的。

站在報到枱桌邊來服務是要讓老社友快速認識新人，要取名牌是要新社友早日認識老社友。尤其是彼此名字之識別、記憶，易培養友誼之情感聯繫。這就是商業廣告強調其商品品牌不遺餘力之原因。人牌、品牌皆是同理。

在各種委員會獲得學習後被派任為糾察。糾察之意義在維持開會秩序、品質等：其一在人，求其靜肅參與；其二在餐，求其乾淨美味；其三在物，求其道具齊全等。如未達成上述要求標準時，糾察可發動其處罰權，可課以罰金。以錢消災，皆大歡喜。

以糾察身分服務例會運作時，抱著人皆欲行善之想法，在「執法」上雖嚴卻要在樂上著眼。其法有三：一是在糾察行動開始時先背誦一句廣告標題以輕鬆入境，並宣揚廣告職業。其諸多廣告標題有：

◆最好的創意，就是幫助別人的創意。

◆知性的差異從臉上看得出來。

◆五十歲（六十）是終點站？還是轉運站？

◆人人都在寫一篇長篇小說。

◆人生沒有橡皮擦。

◆我們最大的敵人是「毫不關心」。

◆不希望成為無聊的男人。

◆小孩是大人的複製品。

◆救人者是人也。

等等。受惠於本身從事廣告，除商業性廣告外也利用閒暇蒐集公益性廣告。庫存尚豐，乃在例會上分享社友。

另一服務內容是觀察有無佩戴扶輪徽章。扶輪徽章之佩戴常易為人所忘，因其面積小，又因常換衣服；然其雖小，意義卻很大。徽章表明自己是扶輪服務的一員，正在從事扶輪服務使社會和諧以增進國際親善，促進世界和平。這種作為可驕傲說出，因此也要驕傲佩戴扶輪徽章。此顆徽章不是人人輕易可得的，是具資格者經過遴選後方可擁有的，它代表難能可貴、價值罕有的身分。

第三項服務內容是稱讚社友，講好話，如：「你今天的領帶好雅氣，顯現你的為人。」「你公司業務有顯著成長，報載年度會超目標。」等等。人總是喜歡受褒，而不愛被貶，因此在欣喜狀態下易掏出腰包。募款以補社務經費支出，就在人人歡喜下得到充裕供應，而做為糾察就可完成使命。

上述糾察服務雖僅一年，然一週一則廣告之糾察項目迄今依然留香在社內。感謝當屆社長、理事們賜我機會，以及社友鼓勵，使筆者得以成長。

在糾察服務內學習了如何向人講好話以募得款項後，又幸有人賜我機會做職業服務等各項磨練。在入社第九年時幸得人人賜我機會出任社長，是第二十九屆社長，翌年北區扶輪社將是三十週年喜慶。在就任前就認為二十九屆應是三十年慶的準備年，一切扶輪服務應為三十屆鋪路。當年鋪的路如下：一、需增加社員，社員數在七十上下，而前社長已有二十五位在內，幾乎三個中就有一位是前社長，要迎三十週年慶更要眾多社友來分擔工作與分享成果。所幸社員擴展委員會主委李成家以其青年企業家傑出成就引進了許多卓越人才，總共有二十名。在任滿當天，台北北區扶輪社社員數破百而為一百零一名。

二、需拜訪姊妹社，以便明年三十週年慶時邀來共度歡樂時光。於是以組團或成群訪問了香港九龍、東京北、京都北、大阪北、首爾南、曼谷谷府里、新加坡久廊，以及高雄等八個姊妹社。好在有此訪問行程，才能拾回舊情，使得三十年慶熱鬧異常，海外皆大歡喜。

三、週年慶需要有充足經費，主事者方能發揮其熱情、創意，乃舉行募款活動與加強糾察歡喜募款。本著人愛聽好話、要聽真話的習性，週週展開活動，使社友發揮善心，捐出善款，如是增加經費預備金。另一方面又節省開支，總在任期結束留有結餘款交給下屆理事會。扶輪社例會上的糾察所獲歡喜錢雖均是小額，卻能聚沙成塔，足以支付四大服務（社務、職業、社區、國際等服務）之開銷。擔任糾察者備嘗辛苦，但苦後總有樂。

一年的社長任期感覺很短，自覺才開始就要卸任。做為扶輪人能有此一年經驗實在對自我成長有益處，但此幸運真該感謝社員全體之賜與。

卸任後就有前任之光輝，而前任社長就有義務、責任傳授經驗。一年經驗成為繼任社長汲取之對象，經驗有如此具體價值實非所料。其傳授經驗機會就是在新任理事會上擔任當然理事，其建言總是受到尊重。因此必須謹言，以免折損新屆新政。

做為前任社長，除了應具備扶輪知識外，更必須隨時隨地將自身的扶輪服務之扶輪經驗傳授或分享給繼任者或後來者。因有此項認知在所有扶輪人心上，前社長（ＰＰ）才備受尊重，而前任者更需以謙虛態度對待後來者。

成為ＰＰ後在社內服務上有幸擔任過四大服務之顧問或委員等，依舊受理事會、社長之青睞，繼續有工作可服務。茲舉數項以答謝：

其一，親恩基金委員會。這是北區扶輪社之燦亮工作，以獎助金服務大專學生之失親、清寒、品學兼優者。在三十五年前台灣尚是貧窮社會時，由楊昌烈、張和鈞、吳運權、曹仲植等幾位先見倡導而成。歷屆均有社友之熱烈捐款以因應學生之熱切需求。PP蕭榮培賜我職位，賦我責任，要我推動此三者好之善事：發放獎助金順利則學生有好處，捐款者有好意，北區社有好評。

本社五十五週年時扶輪親恩基金正值三十五週年，乃擴大發放，人數超越歷屆而有三十五名。北區扶輪社當屆及歷屆社員均善盡了其服務精神於社會。側身其內心存感謝。

其二，箍桶會，這是台北北區扶輪社之特色。以前社長之慷慨邀請三年內入社新社友來共聚一堂，享受美食並傾聽地區級扶輪人之談話。談話範圍廣泛，如扶輪歷史，包括扶輪總社、扶輪地區、扶輪教育、扶輪親善等等。受邀社友個個表示對其推動扶輪服務有莫大理解且助益，更得到由生變熟的扶輪友誼。這個關係的意外影響是增加了社員的定存率。

箍桶是綁緊木桶外圍圓圈，使其外圍木板密不漏水，期能保住木桶內之水量。此概念得自於少年時與先祖父共泡腳於木桶內之經驗。

果然，自五十一屆以來迄今，北區扶輪社之社員定存率呈穩定成長狀態。這種幸福狀態得自歷屆社長之英明，應非媚詞，且心存感謝。

其三，父親短信競賽。這是北區扶輪社，與台中五美文教基金會和《自由時報》的合作活動。已舉辦十八屆，是歷久未衰的社區服務。雖言社區活動，但因《自由時報》之發行遍及全台，故其效果可謂跨七大區域的全國性服務。

五美文教基金會係賴家五兄弟為紀念其父親賴煥章先生終生熱心於教育、文化、倫理之宣揚而設立的。成立以來，在其出生地台中市年年舉辦「小朋友的短信」比賽，甚受鄉里之讚賞。

而在台北，則與台北北區扶輪社合辦「父親的短信」比賽活動，亦行之有年。

在二〇一一年日本東部發生震災、海嘯、核災時，北區扶輪社與五美基金會發起「台灣的父親給日本父親的百字短信」及「台灣小朋友給日本小朋友的百字短信」，將得獎短信譯成日文並由專人帶去東日本災區發給避難在臨時住宅的受災者，獲得「感謝台灣」之熱烈迴響。感謝北區扶輪社讓筆者有幸參與其事。

其四，漫畫書冊的贈送。在偶然的機會下閱讀到日本《產經新聞》的報導，內容是東京惠比壽扶輪社在其服務社區針對中學分送漫畫書冊，漫畫書名為《如何避免掉入網路陷阱》。閱後心中砰然一動，覺此書冊也適合給台北北區扶輪社做為社區服務之用。於是開始找尋有何通路可將心願傳給東京惠比壽扶輪社。

先找《產經新聞》在台有無駐在員事務所，透過《產經》可轉信給惠比壽扶輪社，表達可否將該書譯成華文而在台分贈給扶輪服務區域內之中學的心願，很快就獲回信，樂意襄助。該社社長是女性波多野容子，做事明快不亞於日本男人。要在台北分贈漫畫《如何避免掉入網路陷阱》之分贈中學的工作跨過兩屆，好在五十一屆社長PP蕭榮培與五十二屆社長PP莊育士均善心人樂於服務，因此得以持續運作，上下二屆交接順利，一氣呵成。

分贈漫畫儀式則得到時任教育部長之吳清基先生特別蒞臨主持，分贈給台北中山區、大直區的十一所中學。觀禮的社友在事後個個稱讚此項服務意義重大，因它跨台日二國，既係屬國際服務，又是針對北區扶輪社之服務地區內進行的社區服務。分贈儀式得到報導後，有台南的扶輪社來電要求分贈，該次由台南市市長賴清德主持。之後，又分贈到澎湖扶輪社，由縣長出面分贈給該地區中學校。如此善事就一傳一地展開，實非始料所及。

該屆的社區主委張家豪乃善心人士，眼見漫畫分贈由北到南，由城市到鄉鎮，認為此勢要善用，於是與台中五美文教基金會、《自由時報》合辦了「父親的短信」徵文活動，題目是「如何避免網路陷阱」，事後又成冊分送到全台中學及圖書館。如此散播父親之愛，真符合了扶輪之宗旨與行動。台北北區扶輪社之服務——父愛活動——更為豐富，因內容豐富而形象更鮮明。獲得參與這種特色服務活動，真三生有幸而心懷感恩。

日本的惠比壽扶輪社將愛分享給台灣，另有一日本扶輪人則是愛上了台灣，此位扶輪人是玉屋亮平。他在二〇〇六年三五二〇地區在辦理地區年會時以國際扶輪社長之「社長代表」來台北視察地區服務成果。當時總監蔡松棋任命筆者為其隨從，於其在台四天時間隨侍身邊，既是聽差又是導遊。

地區年會採取運動會活動方式既新鮮又活潑，讓他感到台灣扶輪人有在用心。而女性扶輪社友之眾多，且個個愛嬌可親，使他感受日本之自嘆不如。

在圓山大飯店的總結會時，他引用孔子之言多次，對三五二〇地區扶輪服務多所褒獎，只是由日語譯為國語時未能盡善其意。於是覺其善意、誠意未能傳給與會者，乃請其以同步翻譯改為逐句翻譯，由筆者來闡釋其意。幸而會場由交頭接耳之現象改為豎耳靜聽之情形。他極其滿意現場此種轉變，會後向筆者致謝意。聽眾之用心就會有感講者之心意。

隨扈之工作就在於用心滿足社長代表之需要。晨夕追隨，除了談扶輪外又談及個人、家庭，有公事又有私誼，最後竟成朋友。

土屋亮平社長代表在之後的台灣南部發生莫拉克風災後的第一時間，寄來了百萬日圓，言明交給筆者賑災。筆者感佩其善心，然覺應將其捐款善用。

因此，意欲以此款做為「招水」來引發社員之「配對捐款」。果然北區扶輪社社友善人真多，在一次例會中就募集了同等金額之捐款。有了土屋捐款之加倍金額，就購買社友公司生產的電腦品牌Acer三十三部，Acer社友王振堂加捐二部，就以三十五部電腦捐贈給校舍被摧毀、器材被吹壞的屏東原住民國小。

募款非易事，但有一杯招水則好汲水，造成加倍金額就會較容易了，只要有善心人存在於其中。土屋前總監是善心人，北區社友亦有眾多善心人，但願人間充滿善心人。

尚有位日本朋友交往近半世紀，在一九九〇年代曾與其陶藝會會友來台舉行展覽會，帶有石草生花會之插花師一道來。該友人認識於廣告界，是電通之堀貞一郎（不幸於二〇一四年二月去世），時為迪士尼樂園退休之總策畫師；生花師則為奧平清鳳家元（派祖）。彼等在台北經過北區扶輪社之協助，於國賓大飯店展開多天陶藝與鮮花之展覽會，滿足於自己的創作能以陶藝花瓶加石草生花來娛樂台灣人。

會後陶藝會朋友將其創作的展出陶藝悉數送給台北北區扶輪社。於是建議社長於例會上拍賣之，三十件作品拍賣得款不少。此筆大款就捐給扶輪親恩基金，以充做獎助大專失親、品學兼優之學生之用。堀貞一郎、奧平清鳳等人抱著藝術之心從日本前來，圓滿後留下慈愛之心在台灣而回去。這趟旅遊真價值連城，且令人難以忘懷。真幸而有機會涉身其間。

做為台北北區扶輪社社員就有幸得到服務機會，但亦有地區之賜與。這些人賜與之服務可謂任人派遣，雖非主動爭取，卻抱著自有作為之念頭來行事。所幸皆能在服務上刻下痕跡，實心存感謝。

當下屆國際扶輪社長黃其光在擔任三四八地區總監時，認為要做服務就須先強身。於是舉辦了地區迷你馬拉松，路跑區間是國父紀念館與中正紀念堂之間的仁愛路。被要求擔任公關主委，負責發布新聞。

當時的三四八地區包含台北市、台北縣及宜蘭縣，以及香港、澳門，然參與健身的社員則為台灣地區者。

辦事要有錢。各社要自備經費是基本，然大會所需經費仍未全數報到。在爐邊會上與社友談及迷你馬拉松會是台灣扶輪大事，是台灣扶輪史上無前例的，是台灣扶輪活動上首創的，是地區主辦的，是各社聯合的等等，是定位明顯的，只可惜尚欠東風的微額經費。話未談完，社友張道炷就說：「所需飲料、點心等餐飲費由我公司統籌支付。」總是有這種見義勇為、見難相救的社友存在於台北北區扶輪社，令人感動萬分，幸為台北北區扶輪社一員方得為地區扶輪事拔刀相助。幸有北區扶輪社而福造三四八地區。

在三四八地區（台北市、台北縣、宜蘭縣及香港、澳門等在內）尚未劃分為三四八〇地區、三五二〇地區、三四九〇地區等之前，曾有幸獲得出任地區年會籌備委員會之機會，擔任地區年會執行工作。會場設在來來大飯店地下樓，開會與餐會在同一場樓舉行。要將大會分開為小組會，要將小組會集合起大會，要將開會場所變成餐會場所，實在將籌委等人及飯店服務員操得疲以奔命，且有病況發生，如陳宏輝前社長之感冒，如王度前社長之胃痛，能做事有責任感者個個累倒，但人人有責任心不敢病倒。好在有這幾位前社長之帶病從事，方能使地區年會順利舉行，精彩燦爛收場。彼等是我心存感謝的扶輪人，亦是筆者以後做事咬緊牙關也要完成的模範。

後來這批三四八地區同期社長、祕書就組成八八聯誼會，每季見面談修身養性，其樂融融。聯誼會會友之後有人擔任地區總監，如方振淵、張迺良、張育宏、郭肇盈等等。

在地區扶輪服務中也擔任分區代表（現稱總監代表），協助分區內社長熟悉社務內容、社事運作，為使彼等既深又廣地運作，乃每三個月一次舉行社長聯誼會餐。前社長們個個有責任感，有扶輪心，表現卓越。其中有位前社長黃維敏則在最近出任地區總監，處在更高層為台灣扶輪服務。

在卸任台北北區扶輪社社長後地區服務之賜與年年有之，就透過地區服務而與眾多社友結緣，實是幸運，且其友誼更能持久，真是幸中之幸。從這些扶輪友誼獲得人生之意義的認識實是萬幸，心存感謝。

在地區服務之餘亦幸獲派遣，曾參與國際性扶輪服務。

其一是一九九四年之國際扶輪年會台北大會之籌備工作。此台北年會在五年前就展開爭取，三年前爭取到後，面臨黃敬譽前總監與黃其光前總監之互爭主委職位，結果是黃敬譽前總監獲選為籌委會主委。筆者有幸擔任籌委會委員兼文宣推廣部主任。這種幸運來自籌委會全體之指名，心感萬分榮幸之餘又感責任重大。只是日常從事廣告工作時就常思考如何推台灣名稱於國際，所幸如今有此機會，應要藉機發揮。報備公司上司葉明勳董事長，他是台北扶輪社的創社社友，聞後笑答：「好好去做，這是台灣揚名國際之好機會，不過公司業務不能荒廢。」此番話語，讓我深感安心，並決心要使公司與扶輪年會雙贏、雙立。

在國際扶輪年會台北大會上有幾點感想。

其一，以黃敬譽前總監為首組成的籌備會是一支堅強隊伍，人人負起其責，善盡其責。

其二，泰國的總社理事披猜・拉達庫以國際總社社長代表來台指導，有其定期性，有其鼓舞性。

其三，年會主題標語來自偶然，是聯廣公司飯後茶餘之提案——「乾杯在台北」GAN-BEI IN TAIPEI 一九九四，而識別的年度大會標誌是關公頭面像與高腳酒杯，應是世間獨一。

其四，開幕典禮因無場地可容納報名人數三萬名，就在林口體育場分二批舉行，前場由李登輝總統、後場由連戰副總統分別致詞歡迎，這是尷尬的解決之策。

其五，會議則在台北國際會議中心熱烈展開，除會議外又有展覽，又有台灣美食攤位，外國人對擔仔麵、肉圓、土豆湯等小吃稱讚不已。

其六，住宿旅館因國外扶輪人超過預期，故延伸到基隆、桃園找床位，然臨時設接駁車解決了往來困難問題。

其七，經費在事畢後發現有不足，放任不管則空歡喜一場，補足則會皆大歡喜。蔡崇文前社長在眾人面帶憂慮時挺身而出說：「我來攬尾！」這使人人破苦臉而歡笑。他的搶救困境獲得眾人稱謝。扶輪社裡有如此仗義勇為之士，實應將其名聲遠播，受人尊敬。

其八，歡迎晚宴分散在各觀光飯店裡，採自由方式進行。然有一項活動卻是同時啟動的，那就是晚間八點一到在旅館裡的主辦社社長需邀與會人士舉杯喊「乾杯在台北」。這個小動作卻成了參加台北年會的國際扶輪人迄今別離十年再相遇時仍津津樂道的往事。

國際扶輪年會難得輪到台北舉辦，倒是有一種組織是二年輪流會到台北的，那就是謀求二國親善的「台日國際扶輪親善會」。此一組織在台灣的創辦人是林士珍先生，他是三四六〇地區的前總監，時常代表國際扶輪社長到日本各地督導，因而結識許多日本扶輪人，尤其是總社理事、地區總監等，特別受到佐藤千壽先生的影響。

二國扶輪親善會所要做的扶輪服務是二國之間的文化、教育、藝術等項目之交流，層次高於各姊妹社間之友誼、服務等等往來。

如規劃邀請日本國寶島岡達三陶土大師來台灣展覽，展覽品之選擇由他率團到日本益子町挑選。筆者有幸得陪其前往，遂有大開眼界之機會。展覽場也透過當時駐日代表許世楷選定。萬般就緒，只欠展期的東風。誰知東風未吹，而日本國寶島岡達三，卻在其要來台灣前幾天因中風而逝世。

如台灣發生八八水災後「日台國際扶輪親善會」捐資在屏東霧台鄉蓋建五十棟避難屋。

如東日本發生三災時台日會將台灣救難捐款，成立「希望之和風基金」，以獎助三災後而有之失親學生之就學、升學所需。

如早稻田大學ＯＢ合唱團來台巡迴演唱之接待，並安排在台日扶輪親善會所在地台中演唱一場。

如協助日本前總監玉屋亮平個人捐櫻樹而種植於烏山頭水庫，年約有二百棵之種植、栽培等。

兩方互有往來，參與其中深覺個個品格高超，談吐有禮，眼光寬宏，心胸開朗，直覺可敬，而心存學習之念。

以上諸事是三十五年來有幸獲得機會參與的扶輪服務，在在是扶輪人所賜與的，前輩所派遣的；只是每項服務均自有作為，掌握在己。服務要動腦規劃，服務要動身勤作，服務要動心享受。動腦、動身、動心等是服務三要。

三十五年來增加眾多優質朋友，透過優質朋友得到很多扶輪服務機會，經過難得扶輪服務機會接觸了許多社會的優劣價值，瞭解了社會價值及感到人間的生存可貴，由是燃起不熄的扶輪服務精神，以微薄之力善盡扶輪服務之推動，有無成果非所問，但願如夕陽散出餘暉無限美好。感謝所有扶輪人三十七年來之指教，感謝賜給扶輪服務機會，筆者只是幸而掌握此三十七年機會。

是她（作者妻子）支持作者多年來天天參加扶輪的服務。

病後初癒後參加第三十三屆北區扶輪社授證晚會。

扶輪人物

——推動我一生的扶輪人

光溫而強、火小而廣的「真」

——難忘趙常恕的「真」

PP Jackson（趙常恕為台北北區扶輪社前社長）於二〇〇一年十月二十五日凌晨不告而別了，真是晴天霹靂，令人痛感人生無常！據聞他的辭世，不給自己苦痛，也未連累親人，去得似乎無牽無掛，卻令人惋惜不止，追思無盡！

PP Jackson在擔任三五二〇地區節約用水委員會主委時，常在例會上逢人就勸要夫妻共浴，這不僅可節約用水，也可增進愛情，是他性情人格的天真！

PP Jackson在社裡親恩基金會委員會上常要求為伯大尼育幼院的學生列出獎學金，期使該院院生的品學能增進，是他悲天憫人的情真！

PP Jackson在社裡常鼓勵社友除了捐款給國際扶輪基金外，也要捐獻給中華扶輪教育基金，以使培養台灣本土的高級知識專業人才，是他關懷地區的誠真！

PP Jackson以年超七十高齡還擔任PDG Shoes的地區祕書，為三五二〇地區的扶輪運動貢獻其智慧、經驗，是他心為扶輪的認真！

PP Jackson在社裡推動人人捐錢種樹，期使親恩公園、迷宮公園能綠蔭遍地，成為人人稱讚的城市，是他憂天下的心真！

做人的天真、情真，做事的誠真、認真，遠慮的心真，在PP Jackson身上發散四射。其光溫而強，處在其身旁的扶輪人均會感同；其火小而廣，與其交往共事的扶輪人都會身受。

做人處事的真，推動扶輪的真，PP Jackson是真正的好人！He is a jolly good Fellow！

發明以經營

——念林昭元前社長

二〇〇三年初，在赴院治療途中得知不幸消息，心中嘆：「真的終於來了嗎?!」林昭元前社長（林昭元為台北北區扶輪社前社長）治療病痛已久，社友皆知，越來越惡化之病情每週均有傳聞。社友期盼其早日康復，或病情不再惡化，但心底總有難免要說再見之日或有可能到來，雖說於心不忍卻有其不得不接受之無奈。

初識林昭元前社長是在工商經營研究社（簡稱ＩＭＣ）。斯時林前社長以台灣發明人協會理事長身分入社，對社務推動常提建言或帶領活動，其言其行令近百位工商企業界老闆及高幹們尊敬與佩服。中小企業主的社團組織出現了一位提倡「發明以經營」企業的人士，可見其早在一九六〇年代已慧眼獨具，比現在政府所倡導之「以文創興業」要早四十到五十年，可見民間的進步腳步總比政府快速！

重逢林昭元前社長是在台北市北區扶輪社，筆者和美吾髮公司董事長李成家（Bright）是共同推薦人，其社名是Invent，仍然積極推廣事業經營需要發明並鼓勵創見。

他的發明創見有具體事項可列舉，以使新舊社員尊敬之，認識之，懷念之，學習之。

其一，其公子結婚，紅包照收不能免俗，但在喜宴結束前，他則感謝客人之賀喜，當眾宣布今晚之賀禮將全數捐給慈濟功德會。看來他全額自己負擔了所有支付，卻將所有收入轉成捐贈為賀客添福。

其二，其千金留德習鋼琴回台後執教於專科學校，惜英年早逝，他將奠儀悉數捐出並提相對金額配合成立基金會，以發放獎學金鼓勵攻讀音樂學生期勉上進，他將悲轉為慈。

其三，本社設置扶輪親恩公園，他捐贈大理石園門，該大理石是從中國送過來的，為扶輪親恩公園增添了美景與氣派，如此個人慷慨以顧社，加此公益為先以利人，林前社長實是扶輪模範。

其四，林前社長在扶輪親恩基金上之捐款也不落人後。他常言社會需要有人才，先進者有義務培養後進者。他又屢說「歹竹出好筍」，意即，社經地位落後家庭常會有俊才出現。此故，他對本社之雙親雙亡、家境貧寒，而學業優秀之學生有濃厚憐憫心與關切心。

其五，林社長熱心出席例會，因他認為「見面三分情」，而扶輪服務就是建立在這種週週見面才建立起來的扶輪友誼上。是故在往常，他在簽到簿上的名字常是居前的。在生病後也感謝社友輪流去接他來社參加例會。

總之，林前社長是個扶輪的好人，是個社會的善人。吾等少了學習對象，會感人生真寂寞。

如影隨身的日子

——三五二〇地區年會土屋亮平總社社長代表隨侍記

二〇〇七年初，三四六〇地區前總監林士珍來長途電話，內容是有關籌組台日扶輪親善交流會事宜，提到二七九〇地區前總監土屋亮平可能接受國際扶輪總社社長白義德之指派，擔任三五二〇地區年會國際總社社長代表。林士珍且又說：「土屋亮平是我舊識好友，極有可能請你擔任其隨侍（Aide）。」

聞之極為震驚，連忙說：「別跟我開玩笑！不夠資格！不具材料！」

何以會拒絕人之好意？乃因該Aide職位是有總監經驗者才能擔任的榮譽職，在三五二〇地區已成慣例。三五二〇地區前總監濟濟多士，不該由無總監經驗者之我來破壞體制，而遭爭議或受非議。

春節過後，林士珍前總監從日本回來，幾次來電均云在東京見過其老友圡屋亮平先生，彼謂賴某願出任Aide職務，則其總社社長代表職務也容易決定可否。

林士珍前總監再三建議，既然是圡屋亮平先生所指名，則應接受，別讓圡屋亮平先生掃興，且影響其接受國際扶輪總社社長之決定。

好意規勸？指名認定？接或不接全在資格之有無具備？或可破壞慣例？

三月初，三五二〇地區總監蔡松棋來電云：「請你擔任國際扶輪總社社長代表之隨侍，是由圡屋亮平代表所指定。」

這真是逼人就範。既然是以國際扶輪總社社長代表所指名，則拒之也不恭，乃問總監蔡松棋：「以不具地區總監職務經驗者來擔任隨侍（Aide）職務會否破壞體制？」總監蔡松棋答云：「無此先例，但可創例。」既然如此，則受指名在先，而可創例在後，乃勉強又欣然接受隨侍（Aide）職務。

圡屋亮平先生三年前與佐藤千壽前總監率日本扶輪人團老少約四十名來台做交流，筆者被當時總監林修銘指派為台日扶輪人親善交流會之一員而主其事。因為有此服務機會才得結識圡屋亮平先生。去年佐藤千壽先生做其八十八歲米壽於東京，與林士珍、黃其光、謝三連等前總監受邀前往，又得時光蒙圡屋亮平先生親炙。

接受隨侍職務後，翻遍扶輪有關隨侍之解釋或職務規定。好在地區設有國際總社社長代表接待委員會之組織，乃參加其屈指可數的會議，從中聽取謝三連國際扶輪理事提名人之寶貴經驗，李博信前社長之難得心得。

由此擬定隨侍之任務：

一、隨侍是代表的影子，而代表則是身體，故影子必隨身體，影副身主，影後身先。這是影子（隨侍）的定位。

二、影子需是台灣扶輪的資庫、台灣社會的字典、台北環境的地圖，隨時備妥資料供代表查尋。

三、影子需注意代表的飲食、寒暖、身心，期使代表能在健康良好狀況下順利完成任務。

四、影子與身體在開會期間同進同出，影子應隨時提供開會狀況情報資訊給身體，使其有講評致詞的材料。

隨侍既已自我定位，自律行動，乃向總社社長代表報告此情，幸獲其讚賞。只是交代一項要求，那就是身體講話後影子務必做摘要，期使意義更明。對之影子也同感其重要。

在地區年會期間，代表的講話（致詞、講評）原安排有七次，他也事先寄來了七篇講稿。地區年會主事者也將其翻譯在案，且欲將譯文打字在銀幕上，然有些場合受空間影響根本無法置放銀幕，因此辛苦翻譯的譯文就成英雄無用武之地。這時國語摘要就成瞭解代表意見之重要工具了。

即使代表的講話將譯文打在銀幕上，但視覺接受信息如能再透過聽覺吸收信息，則效果會加倍。隨侍的國語摘要訴諸聽覺，在強化代表的視覺講話內容之語意。

吾人有時明於文句，卻昧於語意。土屋亮平代表要求在中文字幕後再做國語摘要，這是應用了傳播學上的訴諸視聽二種感官以求更大信息傳遞效果之原理了。

如此中文字幕與國語摘要就如身與影傳遞了土屋亮平代表的扶輪知識、服務思想。本預定七次的講話機會，卻在「帶頭前進之夜」因整場氣氛關係被司儀漏掉了一次。該次土屋亮平代表本準備好扶輪以和為貴的講話，惜因失機會而未能發言與收音。

土屋亮平代表在地區年會期間，總共有六次講話，在在表露其人文修養。簡短摘要如下：

一、三月三十日國際扶輪總社社長代表歡迎晚宴上：

日本十七世紀俳聖松尾芭蕉在旅遊其「奧之細道」時常講「不易」、「流行」。其意為萬事有其不變，也有其可變。扶輪的不變在個個社員之職業倫理之提升，扶輪的可變則在其服務之手法的更新。

二、三月三十一日扶輪家庭運動會上：

白義德總社社長在今年度一再強調扶輪家庭的重要性，左右今後扶輪走向者將是扶輪家庭。今日的運動會將會強化扶輪人之扶輪家庭之結伴關係，提升和睦為第一，不要受傷為其次。

三、三月三十一日「帶頭前進之夜」晚會上：

未能上台講話，在此讓影子將身體之準備內容披露如下：

（一）日本六世紀的聖德太子曾主張日本人需以和為貴，因為日本地狹島小，如爭鬥則會自滅。

（二）明朝洪自誠的《菜根譚》有言「終生讓路也不過百步」（註：影子翻遍三次《菜根譚》未能發現此句，也許版本不同；編按：然《新唐書・卷一一五・朱敬則傳》載有：「終身讓路，不枉百步；終身讓畔，不失一段。」比喻謙讓的人，終究會有福報）。禮讓是避免爭鬥之路。

四、四月一日國際扶輪基金捐獻人早餐會上：

阿奇・柯蘭夫（Arch Klumph）自學長笛，活躍於克里夫蘭樂團十四年。他一生最大貢獻在提案創設扶輪基金會，以便接受各界捐款，來多方行善。由一九一七年的二十六點五美金到二〇〇六年的一億一千一百九十萬美金。扶輪基金源自一個人的想法與提倡。

五、四月一日三五二〇地區地區年會代表國際總社社長上：

請大家帶頭前進，要重視扶輪家庭。有堅強的扶輪社才有堅強的扶輪。各位是各行各業的代表，是被選上的貴人，應重新認識一社一業的高貴意義。不要去理會「He」的性別差異爭議，也不要去爭論「profits」是否商業味太濃，反正誰服務越多獲益越大是真理。歡迎大家來參加猶他州鹽湖城的國際年會。

六、四月一日國際扶輪現況報告上：

根除小兒痲痺運動正面臨該症死灰復燃之危機，奈及利亞、印度、索馬利亞、阿富汗等四國被發現共有一千四百四十二個病例，請各位多多支持根除小兒痲痺計畫。

米山扶輪獎學金是日本扶輪人為將「和平的日本」之理念廣求世界瞭解而設立之基金會，台灣的申請者年年在減少。台灣的米山得獎生設立「台灣米山學友會」，成立東海扶輪社，推廣米山獎學金說明會等等令人欽佩。又有台灣扶輪人的「四兩報恩」捐款米山獎學金百萬日圓之義舉，令人感動萬分。

七、四月一日第四全會講評會上：

社員增加，社數增加，實是好事，但別忘施以教育，期成為能服務的強兵。量與質應並進。

人人都要記住初衷，日本能樂達人世阿彌在《風姿花傳》中如此說：「初

圡屋亮平夫婦接待病後初癒的作者與其孫。（2013年8月攝於箱根）

學者，不得忘記是非之初衷。學成者，不得忘記反省之初衷。老練者，不得忘記老成之初衷。」請大家務必在新進社員、中堅社員、資深社員等等各階段保持多階段之初衷。

國際扶輪總社社長代表圡屋亮平最後向隨侍表示：三五二〇地區有熱力，其源應是女性社員；有創意，其來自是年輕社員。

如是影子的隨侍陪同身體的代表安然度過兩天多的年度任務。影子在身體的發光照耀下於公於私獲得充實的、有益的扶輪知識與人生智慧，自我慶幸當初勉強且欣然接受此職務。影子任務完成後深感是扶輪生涯裡一大樂事，人生旅途中一大學習。感謝指定人、推薦人、派任人的扶輪先進。

請來喫茶
——裏千家前家元千玄室

二〇〇八年五月四日正是佐藤千壽與玉屋亮平二位日本扶輪大老在台之際，另一位國際級扶輪大老千玄室卻為其茶室開幕而來台。

拜林士珍前總監之安排得前往座落在台北市信義路四段的裏千家茶室喫茶。喫茶方式至為刻板，要正坐在榻榻米上，雙手捧茶碗，將茶碗轉圈以觀賞茶器之美，慢慢喝之有如啜之感，喝完茶後將茶碗以相反方向轉回，慢慢送回。

喝茶有一套方式，吾人不習慣之。然其道理卻甚為明顯，慢慢來喫茶，肯定主人之奉茶誠意；茶美，碗美，心地美，則會感心之靜！悟生之幸！

裏千家茶室之開幕是由裏千家前家元千玄室來主持。千玄室是京都北區扶輪社社員，擔任過地區總監職務，國際扶輪理事會理事職務，並擔任聯合國之親善和平大使職務。

在喫過裏千家的雅茶後不久，偶然在六月份的《產經新聞》報紙上看到千玄室的〈請來喫茶〉一篇文章。茲將摘要譯出以饗讀者：

一、做人的信念：在老子的教誨中有句「上善若水」，告示大家人生須如活水。想來水是自然的賜與，「流水無間斷」，若非其沽渴則吾人一生享用不止。古人教導吾人，人生須如水，不斷地為人供應（服務）。具有這種信念的人越來越少，本應為人榜樣的政界、財界、學界等人士不再見有為人謀事之信念。在電視節目中常見有標榜自我理念的多人，卻常相識以言語傷人，實不可學。

二、政府的用錢：每逢年度繳稅，總要將一年辛苦賺得的一半繳納給政府，常自勉自慰反正有那麼多收入。但是，一想到國家是否有效地使用眾人之稅款，難免會悲從心中來；使用如得當傑出則會欣喜萬分。但近來，將稅款當成廢水般處理的傳聞越醒目動耳而越令人不安。

吾家四百年來在同一場所保持做同一工作。舉凡茶室、庭園、住宅皆被指定為國家重要文化財或史蹟名勝，雖不對外公開，卻也為茶會之事而萬般不漫心懈怠地勤於清掃。然政府當局卻吝於付出保養費或維修費，這些費用全是自付。對此不敢有所埋怨，只是稍稍期待政府能否將稅款還原給文化財。

三、居上者好喫茶：吉田茂、佐藤榮作、福田糾夫、松下幸之助、小泉信三、吉川英治等等在戰前或戰後領導政治、經濟、文化的人士均愛好喫茶，曾與我們共同培育茶道。如今，此類人物已稀少，近來因位子交替頻繁，人人自顧不暇，難得有人具閒情雅致來關照文化。如果各界領袖能推薦喫茶一杯，則茶道的精神與好處將會更普遍於世界。是則日本人的和平心境、優雅品格，將會獲得世人「上善若水」的理解。

四、日本的立場：世界經濟因次級房貸而動亂不止，美國的總統選舉將在今年秋天會有結果，正如美國、世界各國都有其各自的問題。在這種環境中，日本人是否在認真思考本國的立場，實有甚大疑問。有些專家、有識之士已陸續發出警告，然日本大眾依然一副事不關己的態度。

天災人禍（如中國之四川地震）隨時會發生，吾人應時刻警覺天災人禍之不告而至，而日夜要有不慌不忙以應變之心理準備。

以上是千玄室文章的摘要內容。從文中可見其「上善」之心，以自己職業為傲，以傳統保持而行；也可知其「若水」之思——籲政府要多重視文化，要各界領袖多喫茶。

喫茶是亂中思定、動中放靜的好方法，如不能去茶室喝茶，或茶館喫茶，何不將工作暫停而就地喫一口茶？寂中會覺不孤，孤中會感有人。

錢要用在愛心上
——卆壽老人佐藤千壽

日本人九十歲做壽稱為「卒壽」，意即人生已達盡頭，從今而後不必再做壽，「卒」字在日本之草寫為「卆」。

二〇〇九年七月底，幸有機會受一位卆壽老人之邀，在東京吃了一餐既有啟示又感惆悵之牛肉涮涮鍋。為何有此機會？

對台灣廣告業有其貢獻的財團法人吉田秀雄紀念事業財團，在東京舉辦了四天三夜的東亞廣告傳播研究會。邀請了自二〇〇二年起，六年來曾在吉田秀雄紀念事業財團做過研究的客座老師們「回娘家」齊聚一堂，這些客座老師均為韓國、中國、台灣、日本的大學教授。

客座老師們所提之論文，均是彼等研究之主題，包羅萬象。其中有一篇論文極具特色，而在會後的講評上深受早稻田大學龜井昭明教授之讚賞，譽其甚具價值。該篇論文是師範大學林東泰教授所提之有關選舉新聞、競選廣告、選情民調的台日二國比較。

十五篇論文可謂篇篇精彩，令人陶醉。正如中國杭州的一位教授在其報告完畢時所言：「溝通是幸福的。」只是彼此溝通如有排擠他人宗教信仰、政治意識、性別平等時，則溝通將會變成不快樂的、不幸福的。

就在此論文提報全場完畢後，接受㐂壽老人佐藤千壽先生的邀宴，同席者有已過喜壽之圡屋亮平先生。喜壽是七十七歲壽。「喜」字之日本草寫為「ちち」。

佐藤千壽要我坐首席，堅持不可，未被接受，只有客隨主意。坐定後，佐藤㐂壽翁從包包裡拿出自備筷，排好後又從包包摸出一個小包，慢慢打開，讓酒杯出現在客人面前。

喝了二三杯日本清酒後，佐藤㐂壽老人對著圡屋喜壽人說：「我已看到人生的盡頭。」圡屋先生趕忙對他說：「別說洩氣話，我們還要出去遊覽呀。」

佐藤千壽八十八歲的米壽宴上，曾明言活年將努力超過父親的九十四歲，如今卻說已看到人生盡頭，當然無法猜測人生盡頭將在幾年後會到。

與佐藤千壽歲數相差很大的筆者，當然尚未能看到人生盡頭，也不曾想過人生盡頭。所以無資格，也無智慧來給他肯定，或給他安慰。

佐藤卆壽老人已看到他的人生盡頭，所以他已開始「不再增加財物，只求減少所有」。他一一道來，已有幾項事情在進行中。

一是今年辭去榮譽會長職務，將經營權責交給女婿。佐藤千壽是將公司由小型變成中型，由本土轉為國際的「新創業者」。

二是編印《佐藤文集》。將其歷年來之文章彙集成冊，共有十二冊。文集中將有一長篇〈被選上的人——李登輝〉。為出版《佐藤文集》，他付出了六千多萬日圓（約新台幣二千零五十萬元）。

三是增加石洞美術館的收藏物品。石洞美術館是佐藤千壽私人的，美術館有二幢，一幢在東京都，另一在真岡市；前者收存日本與世界各國之陶瓷器，後者則珍藏日本人間國寶濱田庄司與島岡達三之陶藝作品。

筆者二〇〇九年七月底前往在東京都的石洞美術館參觀時，該館正在展出伊拉克、土耳其等中東國家十六、十七世紀之陶器。這些是佐藤屶壽老人之新收藏。

四是利用工廠空地投資興建一幢六角樓，名為「妙好」，讓身心障礙者來經營茶館、咖啡廳，而不收租金。佐藤屶壽翁就是如此「只求減少所有」，而為他人的幸福付出。他說：「願以自己的財與能為他人幸福付出，而不願結合他人的財與能為眾人捐獻。」常聽人言「錢要用在刀口上」，多麼令人毛骨悚然的話，刀是殺人的，為何要將錢用在其上呢？為何不說「錢要用在愛心上」？

自己的錢，用在自己身上無可厚非，只要不太奢侈；自己的錢，用在別人身上，是一種愛心的表現，是捐獻，是施捨；而將眾人的錢用在自己身上，則是貪汙，真性惡也；將眾人的錢用在眾人身上，是合情理，是政府之能，社團之力。

佐藤千壽喜歡的，是上述第二項——用自己的財與能去行善，故而有石洞美術館、妙好茶室。他也善於將自己的錢用在自己身上，是故有《佐藤文集》之出版。

他不增加財物，只求減少所有，是故但求付出。他的付出已在實施的包括：

一、到各扶輪集會講演，闡揚扶輪活動之意義，呼籲扶輪社員自律之培養。

二、促成「日台國際扶輪親善會」在日本之成立，在台灣則鼓勵林士珍前總監成立「台日國際扶輪親善會」，以便今後可以此國家級之二會促進二國之親善，提升以往社級之親善。

三、籌畫日本人間國寶島岡達三之陶藝作品來台展覽，籌備近四個月，在即將接近實現時，惜因島岡達三不幸於二〇〇八年年尾病逝而成絕響。

四、推動將台灣烏山頭水庫與嘉南大圳列為世界文化遺產。水庫與大圳在台灣，但其建造之規劃、監造者是日本的八田與一。是故宜由日本的「日台國際扶輪親善會」與台灣的「台日國際扶輪親善會」共同提案申請，方為正道。佐藤𠀋壽老人正在做這種付出，實令人感動。

佐藤𠀋壽老人曾有字畫賞賜，方塊金紙上寫著「大道無難」，意謂正走大道而不抄小徑則無任何困難。二國的扶輪親善會共同申請走的正是大道，大道之行也天下為公。

佐藤𠀋壽翁又言：「平常無甚食慾，只有外食時像今晚才會感到牛肉之好吃，也會多吃。」喜壽老人𡈽屋亮平則接腔說：「賴先生，你要多來日本，讓佐藤先生有更多食慾。」

當晚，他與我喝了六小壺日本清酒，一整盤日本牛肉則吃個精光，食量比喜壽翁的土屋亮平還要大。

酒喝得夠了，他自己收起自備酒杯，牛肉吃得足了，他就收拾自備筷子，真是個有節制的老人。如此在飲食上有節制，活到白壽有困難嗎？日本人稱百歲壽為白壽，只減一歲而不與天競。

佐藤夲壽老人言，看到其人生盡頭，卻持續為眾人做出各種付出之大道，其活到白壽將是不難的。謹祝福之，但願佐藤夲壽翁之財物付出，將是其他人的幸福擁有。

愛上台灣的日本扶輪人

——自利利他的八田與一

二〇一二年上半年，台北北區扶輪社為新進三年內之新社員舉辦扶輪知識教育的箍桶會上邀請主講人李博信前社長暢談「台灣扶輪八十年史」時，談及建造烏山頭水庫暨嘉南大圳的功在台灣的日本土木工程師八田與一曾是台北扶輪社的社員。

八田與一在一九三〇年曾入台北扶輪社為社員。台北扶輪社設立於一九三〇年，是由日本扶輪之父米山梅吉來輔導成立的。米山梅吉是日本第一個扶輪社東京社之創辦人，因其有功於日本扶輪之創立、推廣等，後人乃設立米山獎學金以尊敬之，紀念之。

由台灣赴日的留學生，曾獲米山獎學金之支助，得以在物價高昂的日本完成學業，受惠學生累計起來已超過三千人。

米山梅吉來台灣輔導台北扶輪社之成立已是八十年前的往事，而建造烏山頭水庫暨嘉南大圳之八田與一則是在一九三〇年代初加入台北扶輪社。

從李博信前社長的「台灣扶輪八十年史」講演中知曉八田與一為扶輪社社員後與他的距離就拉近許多，似乎由尊敬而轉為親近。

斯時正在規劃國際扶輪三五二〇地區之參加六月一日京都台日國際扶輪親善會會後的旅遊行程。原本只想一遊北陸日本，如由宇治走向福井再北上金澤，而往東到白川轉至古川之後遊多治見做為終點。這種行程被嘆為觀止。要去福井市就是想參拜日本禪寺，瞭解法鼓山創始人聖巖法師進修之永平寺。要去金澤市是想看看功在台灣之八田與一之鄉，想一睹日本戰國名將前田利家所建造之城樓與街町。

但知曉八田與一是扶輪社員後就要求承辦旅行社務必找出八田與一關係之史蹟，以便參觀並致謝。承辦旅行社是由扶輪社社員戴啟衍女士所經營的保保旅行社，該旅行社深切認識此事極為至要。最後找出有金澤市偉人館之單位，但不敢確定該偉人館內是否有將該市出生之八田與一列為該市偉人之一。因為八田與一之一生有半是在異地，而其功績是在台灣。

從京都出發時摯愛台灣的日本二七九〇地區前總監圡屋亮平曾來送行，並祈願吾等台灣扶輪人能找到與八田與一有關係的史事。圡屋亮平前總監在這二年來，年年來烏山頭種植櫻樹各百棵，明年他會再來台灣捐贈百棵櫻樹在烏山頭水庫。圡屋亮平如此愛台灣，實令人佩服、感動。圡屋亮平前總監與佐藤千壽前總監二人可說是催生二國國際扶輪親善會之最有力者（有關佐藤千壽對扶輪之貢獻可參考李博信前社長發表在《扶輪月刊》二〇一三年八月號之〈台日扶輪親善的推動者——佐藤千壽翁〉一文）。

到達金澤市參觀了有名的前田家所建造之「兼六園」，又遇到「百萬石進城行列」之遊行；前者顯得幽雅文質，後者則露出雄壯武氣。真佩服加賀藩主及其子孫具有這種文武並存之修養。

遊覽車司機東找西找，導遊東問西問，總算找到金澤市偉人館。進了館後被櫃台問出本團來自台灣，過不久一位紳士出來表示歡迎。此人是該館館長，一向不亮相在遊客前面的。台灣遊客畢竟有所不同。他一轉身就引頭往二樓前進，說：「八田與一的陳列櫃在這裡。」台灣扶輪團就二步當一步健步如飛地走上二樓，果然就在館長所指方向看到專屬八田與一的陳列櫃。櫃內陳列著八田與一的年表、烏山頭水庫的圖表、發黃的文件、舊有衣物、古董工具等等，而在陳列品中最耀眼的則是李登輝前總統的題字：「誠實自然」。館長說李前總統曾來過，使簡陋的市立偉人館蓬蓽生輝。

實際上該館所陳列的共有二十名出身於金澤市的市民，彼等被尊稱為偉人是因其思想、事蹟改變了當時的風氣現狀而有益於眾人及後代子孫。二十名偉人中有禪學家鈴木大拙、哲學家西田幾多郎等等，而八田與一是在台灣建烏山頭水庫造嘉南大圳改變了台灣農作物生產的狀況，故被選列偉人館中。二十人當中獨獨他一個人有銅像被置放在該館庭院中，益顯其獨特性。

在參觀中試問館長是否知曉八田與一的出生地老宅。他答說離此處約三十分鐘車程，目前由其弟弟一房居住。這是看了偉人館後所產生的衝動。難抑尋找八田與一有關事蹟，意欲走出該館門口時突然發現牆角上置放著一本書，斗大的搔頭坐姿像與烏山頭水庫旁眼望水庫、身裝工服、手搔額角的坐姿銅像一模一樣，顯眼的紅字書名，躍入眼裡的是《愛上台灣的日本人》，副題是「土木技師八田與一的生涯」。

雖曾閱讀過八田與一有關文件，也欣賞過漫畫故事，但這本書卻是新發現。馬上問館長可否購買，館長回答：「這是最後一本，看你殷切需要，就先讓你，吾等再來補充。」於是《愛上台灣的日本人》一書就在該館割讓下進入台灣扶輪人的旅行袋裡。

帶回台灣一讀，深感彼人愛台灣之心、建水庫之情，做為台灣人越感謝他，做為扶輪人越效法他。

前幾天在新任賴崇賢理事長主持下，台日國際扶輪親善會舉行了理事會。黃慶淵前總監提議台灣扶輪人也應該在烏山頭水庫周圍種櫻樹，實不可讓日本人專美於前。此議議決交辦。接著，張育宏前總監舉手言道：「八田與一進入台北扶輪社時有入社言詞發現在網站上。」參加會的理事們個個表示願一睹為快。茲將所獲入社言詞中譯如下：

「我剛入社卻得有機會參加非常愉快的家庭晚會，心中高興萬分。我過去一直從事規劃在烏山頭建造水庫工程。在土木工程上若有損毀發生則蓄水池之決堤將會造成莫大災害。受託負此大責任時，嘗深入研究甚至思考：人生究竟是什麼？人為何出生？應做何事？動物可為子孫繁殖而過活，但人是由夫妻來產子，在謀求子孫的繁榮時必須同時考慮他人即社會之繁榮。我出生於真宗的家庭，佛教所倡之自利利他或是所謂『利益眾生』而使我有所瞭解。瞭解自利利他，真切瞭解差別、無差別的人應是具有人格的人，此人是如來佛，如來佛之上悟出死為何事者應是佛祖。我越來越相信此哲理。迄今為止，我尚不大明白扶輪的目的，但多人之言使我認為扶輪精神是在自利利他，因此我就毅然入社。」

八田與一認為佛教之自利利他，與扶輪之精神是一致的，而扶輪精神是在兼顧彼此利益。八田與一認為佛教的差別、無差別修養應是人格者所該擁有的，而扶輪精神是在各方得到公平為高尚道德標準。八田與一雖謙稱尚不知扶輪目的就入社，但從其入社之言來看，他的佛教修養應是扶輪實踐之基礎。他對烏山頭水庫建造之責任感、社會觀應是扶輪人該具備之人格素質。

總之，八田與一是日本人，也是扶輪人，他在台灣因建烏山庫、造嘉南大圳而功在台灣，做為台灣人，做為扶輪人的吾等，理所當然要來以櫻樹美化及保持水庫直至永遠，並爭取烏山頭水庫暨嘉南大圳被聯合國教科文組織列為世界文化遺產。

烏山頭水庫小丘上之八田與一銅像與夫妻墳墓。銅像不是立姿而是坐姿，較易與人親近。

快樂的扶輪好人

——笑風常在的李炳桂先生

李炳桂先生在一九七八年春末夏初時給筆者電話，邀下星期二中午一起吃飯，地點指定在統一大飯店的頂樓。

那時筆者正忙於籌備一本業界雜誌，是有關廣告的。而筆者與李炳桂先生是認識於一九六二年的國華廣告公司。他是勝豐公司的總經理，該公司進口森永奶粉在台灣銷售，需要借用廣告之力量將其推廣至台灣各角落。筆者是任職於國華廣告公司的新進業務助理，奉公司之命來代理執行森永奶粉之廣告業務。後來勝豐公司與日本森永製菓公司合資設立台灣森永製菓公司生產餅乾及糖果等，其公司之市場行銷的運作在筆者受知遇時常參與討論，往來甚密。

李炳桂先生與筆者是由買賣關係而演進到夥伴關係。他代表勝豐公司購買國華廣告公司的廣告企劃、廣告製作、廣告媒體的服務，筆者則代表國華廣告公司銷售其所需要的廣告服務。而其廣告服務的內容與目的則是銷售森永奶粉於台灣各地。雙方合作無間，從鋪設通路、商品發展、經銷商會到市場調查等都是並肩作戰的。

這種密切的買賣關係甚至促成森永奶粉的暢銷。台北圓環夜市是六〇年代、七〇年代、八〇年代的盛場，眾多攤商的收銀箱幾乎都是使用森永奶粉空罐來收放紙幣與硬幣的。李炳桂先生見此狀則心喜而大笑，二人高興地互拍肩膀。街景觀察對廣告人、行銷人而言應是必修課目，從市況驗證創意是重要的。

二人合作無間，雖有奶粉暢銷而居市場佔有首位之欣慰，亦有飛來橫禍害得二人日夜愁思對策——那是正當得意時發生在日本四國德島工廠之不幸事件。該工廠所生產之森永奶粉不曾出口來台，卻因森永品牌而連累到進口來台之森永奶粉之銷售大減，品牌受損。二人為解釋雖是同牌卻是異品的真相給經銷商，給傳播媒體，有星期六到翌週星期一的日夜謀解救方法，緊張動腦。這段期間，駐在台灣的日本所長和從日本趕來的輸出部長也加入頭痛會議，真是無日無夜的苦戰。

經過口乾舌焦繼續不斷地說明總算風聲止息。如今回想那一段熬夜工作，心中有無限餘悸。但，此次的公關處理卻是留給我很好的經驗。不經一事，就不會長一智。

勝豐公司在進口奶粉銷售台灣市場具有盛譽後又與日商森永製菓公司合資設廠，成立台灣製菓公司生產糖果、餅乾等。

在工廠開工當天，一切準備已就緒，卻發現萬國旗尚未懸掛在棟梁。李炳桂先生任製菓公司的常務職位，一聽此事就大聲叱裝潢工程公司老闆。然在現場不見工人，也不見老闆，而日本觀禮人員則陸續到來。這是重要時刻，面子不可丟！人人慌張卻束手無策。

這時筆者在場，於是自告奮勇向李先生提議：「我來！」李炳桂先生聞此一聲，對著聲音發源體從頭到腳瞄來瞄去。當他尚在猶疑不決時，筆者已脫下鞋子朝椽木爬桿上去。總算在開幕時辰前掛上了萬國旗而使旗子飄搖在典禮會場上，增加了些許歡樂喜氣。

這件事是後來我二人的愉快往事！愉快的往事越多，應會覺人生有價值。李炳桂先生常勸人把不愉快往事忘掉，存於他心上的故事總是愉快的。

有一年他要我陪他去陽明山管理局，要為他母親設立紀念獎學金之事。在頻繁的申請工作往來上常聽其言及母親之偉大。李家長居社子島務農，其母克勤克儉持家，培育子女成人，個個皆有成就，而其最年幼故獲愛最多，時感兄長之勉勵，時思母親之慈愛。

李炳桂先生要筆者一同前往官府，因他已有幾次與官府打交道失敗經驗。他是怕自己官話不靈。一同去陽明山管理局，向主辦人表明來意，主辦人則以濃濃外省腔之官話指指點點。最後總算以正腔官話回答外省腔官話，雞同鴨講，你來我往地溝通，成功處理了「李楊卜女士紀念教育基金」登錄。

台語一流的李炳桂先生遇到不知何方神仙的官話應是吃了不少苦頭。官民無法同心，想是來自溝通不良，而其原因或在語言、語意、語氣等。

「李楊卜女士紀念教育基金」設立宗旨在於提供社子國小清寒獎學金，補助貧寒學童午餐，及陽明高中獎學金之發放。社子是其故鄉，愛鄉愛家是李炳桂先生濃烈情懷。基金是其用意，孝順顧家是李炳桂先生之本心。

李炳桂先生出身於農家，因此講台語是一流，只是幼小受的教育是日語，雖日語的造詣很深，可惜的是長大後少與官話往來，形成講官話時偶有前不連後、後不接前之斷續遺憾。他深知此語言缺陷，故一再推辭擔任社長職務，因他所入的台北北區扶輪社使用的語言是國語。台語碰上國語，使他自知難以主持社務、推動服務。

扶輪社在社務上使用的語言有國語、台語、英語等，他之所以選擇使用國語的台北北區扶輪社，因為是業界夥伴曹仲植董事長的引薦。筆者進入台北北區扶輪社則是李炳桂先生的引進。但，李先生不開宗明義說介紹入社，而是說邀吃飯。首次依約前往，只見一個男人站在櫃台後面點頭表示歡迎。然後李炳桂先生的聲音先傳來，然未見其人。十二時半至十四時的時間裡有社務活動、講演、用餐等，從未參與這種用餐方式，覺得滿新奇。尤其是吃飯後可聽講演，真是肚飽，腦也飽。又經他介紹認識了幾位只能在傳媒上看見的人物，個個溫雅至極。

連續三週受邀前往，這時候的兩人應已進入友朋關係了。發現彼等不以姓名職銜稱呼，而以英文名字互相稱呼，講話總是肯定句、稱讚詞，遲到要罰款卻要用捐歡喜錢來代替，發言要舉手獲准方可進行，緊急發言則要捐款，社長主持會議若有拖延則要掏錢買時間等。千奇百怪的作為在例會上出現，令人感到走進另一個社會，對它沒有厭惡感卻有好奇感。

散會後李炳桂先生問我觀感，據實以答曰有好感。李炳桂先生乃詳細說明此扶輪社是個服務性民間組織，是國際性社團，是以聯誼來服務的社團，入社條件有限制等等，一一道來。問我：「願加入否？」就憑與李炳桂先生共同做事十多年來，深知其言可信，怎可有拒絕之理？觀人行來信人言，友誼之道也。

無三不成禮地參加三次的北區扶輪社例會，也和社會精英交談過，略知將來側身其中對自己人生的成長有何助益，也覺悟做為扶輪人將需有何種奉獻，於是在推薦人李炳桂先生和林進財先生簽署下加入台北北區扶輪社為社員。自一九七八年十月迄今已有三十五年，於其中享受著人生成長的滋味，服務的甘味，聯誼的美味。這是李炳桂先生的引進，讓我過著人生一長階段豐富充實的心靈生活，他提攜筆者的人生成長。

就在入社不久，李炳桂先生對我說：「我們已是社友，在社裡要使用社名，不再有尊稱，因為社友間是親如兄弟，且是人人平等的。你就叫我Candy。」於是三十五年來的關係是他叫Candy、我是Brain的擬似兄弟。扶輪人的這種誼兄誼弟可是親密得很，有時會勝過親兄弟。

在台北北區扶輪社的三十五年來，週週與Candy相見相談，同處同行，次次感到扶輪社的「聯誼與服務」助我人格向善，而心存感謝Candy。在三十五年中筆者曾擔任過四大服務主委、祕書長、二十九屆社長、分區代表、地區主委，以及一九九四年國際扶輪年會台北大會籌備委員兼文宣推廣主委、台日國際扶輪親善會常務理事等服務工作。這些服務工作每每是促進自己人格向善或修練的機會，而這些服務工作機會接連著不斷前來應是Candy的點燃，心中感謝不已。

Candy的社齡比筆者長，多二年。而且他在北區扶輪社的表現真是人人稱羨，個個為他豎大拇指。因為他的作為往往是社長的模範，他是助人成長的人。茲舉數項如下：

一、他是顧家的人：在例會或活動上，他時常會說出其本家是務農，尊敬其母親的克勤克儉，栽培眾多兒子成材，感謝上面七個兄長之任勞任怨，誇獎三男一女個個讀書優秀，做事有成。在女賓晚會或頒獎典禮時，總是陪伴配偶參加且著鴛鴦裝，令社員稱讚不已。北區扶輪社每季舉行懇談會（前稱爐邊會），他總會出席，只是在談論有結果之後的聚餐時間的尾端，他會時時看手錶，猶如在催促趕快結束以便早點回家。他孝順父母，疼愛太太，教育兒女，他是顧家的人。

二、他是做事的人：與他在北區扶輪社共事服務三十五年，Candy總是鼓勵我去擔任地區總監，但他連社長也不願擔任。因為他雖擅長台語，卻不熟官話，他怕出醜愧對北區扶輪社。然四大服務的主委卻樂意擔任，因可不受語言拘束，沒有表達不清的語言壓力。

Candy因投資貿易公司、製菓公司、洋傘公司等，每有小集會或小聚餐，Candy總會帶來其公司產品分送給與會扶輪人，並藉機宣傳其公司產品，從品質到行銷。這無意中也讓社員在不預期下獲得職業服務的學習機會。Candy也為同業公會盡心盡力。台灣為發展酪農事業，在政府制定條例下，奶粉進口商需繳進口捐，期間為十年。在其四處奔走下，募得了近三億元台幣，這個募款所得促成了統一企業、味全食品、義美食品等因得此進口捐之補助而獲得奶製品成本之降低。

他也在一九八六年隨政府之酪農赴美考察團去美國、日本。因此團團員素質高，且經費充裕，完成了雙邊酪農交流之機會。

是以Candy在奶粉方面拓展市場佔有率，在糖果方面以試吃提升品牌力，在洋傘方面則強調品質力，他能擇選不同方法管理其企業實不愧為事業家。除了壯大自己又能顧及同業發展，Candy應是社會賢達。

三、他是扶輪的人：Candy在北區扶輪社曾擔任過職業服務主委、財務長、社產管理人、扶輪基金主委、公共關係主委、歷屆理事有六屆等。他擔任過這麼多重要服務職位且功績彰顯實應為社長理想人選，他卻堅拒不當，因是自謙語言力不足，這真是北區扶輪社之遺憾，每次所言均是相同，云：「主持社務需要有語言能力。本人語言能力差不敢上主席台，這會丟臉而讓北區社受辱。」謙虛為懷，愛社之心如此旺，令人深佩。Candy不擔社長，但自樂於當社員，亦有其自知之明。

他週週出席例會，週週有捐獻。Candy的週週捐款充實了社務經費，這種持續不斷捐款使社務經費年年充實，促成台北北區扶輪社的服務項目增加，服務內容充實，而嘉惠了眾多國內外的弱勢受益者。

Candy在親恩基金方面之捐款亦不落人後，雖然他有紀念母親之基金存在著。他不僅捐款也獻言。他如此熱心於親恩基金的服務運作帶動了思親的社友，孝親的社友，他雖不是社長，但有風行草偃之功，是故嘉惠失親之學生的善行年年增其力量。

Candy在台北北區扶輪社第二十九屆時，邀集了幾位當屆入社的新社友吃午餐。這種「迎新午餐聯誼會」由Candy做東直至其生病後方中斷。因Candy有鑑於新社友難覓，新社友難留，故有必要與其搏感情。

二十九屆時有二十位新人入社，有爆增之感的狂喜，真是難得。但在喜之餘卻要想如何留下這些社會精英，以便擴充扶輪服務。北區扶輪社內有社員委會、公關委會、聯誼委會等主持社員事，而Candy的「迎新午餐聯誼會」則是體制外之運作。當年擔任社長的筆者真感謝Candy的這種協助義行，而全社社友也均鼓掌叫好。從此之後連續多年主辦，直至他因病暫停。惜未復行，他就住院。

Candy的和風後來有轉向前進，北區社接受筆者建議將聚會定名為「箍桶會」，由五十一屆開始，邀入社三年內者每屆三次按序舉行。除了聚餐以進友誼交流外，也設專題講演，以增服務知識。目前仍在持續。

四、Candy是心善的人：Candy除了在扶輪例會週週有捐款外，也捐給扶輪基金，以及親恩基金；在他晚年則夫婦共同捐款給慈濟基金會。每當北區扶輪社舉辦活動而在募款時，Candy總會說：「不足的尾款，我負責！」這給主辦社員無限安心。他就是如此助人行善而得人緣。他是問題的解決者，時常表現領導者的風格。

總之，Candy是會照顧他人的好人，是會甜如糖果的好人，是會自律示範的好人，是會自足謙虛的好人。

在〈快樂的好人〉、〈千之風〉音樂聲中，在素雅的氣氛裡，在人人不捨的哀念裡，Candy走完他八十八年的人生。

Candy真是筆者心存感謝的好人，因為他助長了筆者的人生視野，和人格修養。

——本文撰於二〇一四年四月——

善暖贈輪椅

——「我是紅牛，不是黃牛」的曹仲植前社長

「ＣＧ前社長過世了，時間是十六日十二時三十分。」話筒裡傳來了辦事處祕書林小姐的悲傷聲音。時間正巧，這不正是我社星期二例會的時刻嗎？社長的敲鐘「例會開始」不正是ＣＧ前社長曹仲植離開住宅要來例會報到的瞬間？

ＣＧ前社長曹仲植是本社五十六年社史中有四十九年多社齡的老社友，他熱心於參加扶輪例會，他積極於推動扶輪服務，他慷慨於捐獻扶輪公益，他正直於實踐扶輪四大考驗。他是台北區扶輪社社友人人尊敬的長者，也是台灣扶輪界人士人人欽佩的前輩。他的存在是台北北區社的驕傲，也是台灣扶輪界的家寶。

他常言其生日就是其母受難日。其母忍受痛苦生出他，他才得以在人世間享受

快樂，其母的忍受生產痛苦方有其長年的人生快樂。故他極為孝順其母，並規勸社友要孝順父母。每逢自己生日，他就會捐獻以謝恩其母。

他是捐獻輪椅給身障人的慈善者。他說有年和太太同坐三輪車要過平交道，卻見有雙腳殘缺者正在爬越平交道。他眼看清楚，心卻不忍至極。這一幕殘缺者爬越平交道使他大動惻隱之心，決心要將錢拿來購買輪椅贈送給需要的不幸人士。

他的贈送輪椅善事由於此展開。其贈送對象本來僅止於台灣，後來兩岸往來較前公開，考慮其故鄉江蘇亦有需要，他便擴大對象，善行被及於中國。大陸亦有身障者，聞風來求助，起初他一一答應，於是台灣製造之輪椅遠渡海峽，深入大陸。

之後來求助者之多真是應接不暇，又難以婉拒。於是靈機一動，就以扶輪社之捐款方法以克服此困難。其克難方法就叫「配對方法」（Counter Part），亦即求助者也要付出一半費用，是以求者、捐者合計全額。此法實施後，此地的輪椅製造廠生產進度能控制得宜，而贈送輪椅數量卻加倍了。配對贈送輪椅方法真是一刀之兩刃，既克服困難又獲得雙好結果。

從此以後，他贈送之輪椅倍增，其之善行盛名遠播及於各地。需求輪椅者因得他之善行而減輕一半負擔，然對收入不高者而言仍是大負擔。他又想要做好事就做到底，於是與台灣輪椅製造廠研究降低成本，以利對岸之善事執行。果然，降低成本成功，贈送數量又突飛猛進。據其言已破五十萬輛。

贈送輪椅是他的私人善行，然其在扶輪服務內亦有卓然成就。

他曾任台北北區社區服務主委，當時社長為張和鈞（PP Taiping）。有社友張景文任事於馬偕醫院，提及其馬偕醫院正在研究「防治自殺方法」。云事前預防重於事後補救。如使患者能在事發前吐苦求救或可防止憾事而救回生命。台北北區扶輪社見義勇為，他倡言捐二部電話機給馬偕醫院。馬偕醫院是台北市生命線的開始，張景文社友不是醫師卻是醫院經營管理專家。

生命線協會理事長，有鑑於業務增多，空間不足，乃為協會需有固定會址而奔走各方。蒼天不負苦心人，台北市生命線協會終於在一九七九年搬進自己的服務推動救人救命場所。

台北市生命線協會從一九八五年起就有固定不變之號碼，該號碼是「九五九五」的諧音，這是他迄今仍然津津樂道之數字號碼。

從二部電話起步，馬偕醫院的社會服務工作，已因台北北區扶輪社與社會各界人士之扶持儼然已成救人團體；而目前其救人工作又因台北北區扶輪社五十五週年慶之捐贈義工線上訓練系統而益形擴大其功能。捐助電話以防止自殺的救人善行重要，而獎助失親大學生的善行也是他一刻未忘的好事。

台北北區扶輪社於三十五年前在ＣＬ楊昌烈前社長、Taiping張和鈞前社長、Wayne吳運權前社長與ＣＧ前社長倡導下成立了「扶輪親恩教育基金」，成立基金之目的在獎助雙親雙亡而品學兼優之大專學生，基金之來源得自於北區扶輪社社員。

ＣＧ曹仲植關心失親大學生容易失學，乃有其支助行動。一是年年捐款，另一是年年參加頒獎餐會。在頒獎會場上曹爺爺深受年輕人之尊敬。曹爺爺嘉惠大學生不少，因其會鼓勵大學生在困難中社會亦存有溫暖。

ＣＧ曹仲植是位進口商，他在商場上是以「我是紅牛，不是黃牛」的廣告口號受人敬重，也以其善良的行為受到愛戴。廣告貴在識別，更在樹立品牌，其口號真是無懈可擊。ＣＧ曹仲植前社長是生意人，又是行善人，值得吾等學習。ＣＧ曹仲植前社長得享高壽，在一百零四歲時仙逝，終止其為人行善的生命。他是我深感敬佩的人。

——本文撰於二〇一四年十二月——

邀羅馬教皇到日本訪問
——胸襟開闊的成田豐社長

日前日本《讀賣新聞》報導云：世界奧運會指定電通公司為專任的行銷代理店。二〇二〇年東京奧運會提出募款目標為一千五百億日圓（約新台幣四百五十億元），需從日本國內募集，將與電通公司協力合作進行；東京奧委會經過四家公司之提案競賽，認定電通公司之方案最為具體，乃指定其為代理。

電通具有奧運會之行銷能力由來甚久。一九〇一年，當時任記者的光永星郎創立日本電通通訊社時，電通是媒體的代理公司，為報紙、雜誌推銷媒體版面。在戰後吉田秀雄擔任第四任社長時，因廠商日增、品牌群出，電通遂轉型為替廣告廠商代理購買版面、時間等，之後繼任者的五、六、七、八及九任社長，漸由單純的媒體購買代理擴增其範圍，而為公關、市場開發、品牌塑造、通路傳播、活動展開、效果測試等多功能服務代理。此種多種、複合之服務代理，可謂為行銷代理。目前則尚需加上網路行銷代理，廣告公司的業務領域一直在擴大。電通公司的第九任社長成田豐，勇敢挑起時代與環境給他的挑戰且不負使命，創新業績而交卸堅強基礎給第十任社長俁木盾夫。成田豐生於一九三二年，成為電通人於一九五三年，出任其新聞雜誌局局長於一九七一年，出任取締役年代自一九八一年起至一九九三年，凡十二年，而於一九九三擔任社長近十年，於二〇〇二年任會長，兩年後出任最高顧問，惜去世於二〇一一年。享有八十年人生，而為電通人則有五十五年光陰，可謂其一生就是廣告。

筆者與其初識於一九八九年，時任專務取締役，其來台為的是其國內客戶「山葉」品牌之廣告業務。當時，聯廣公司幸運獲台灣山葉公司之信任而代理其品牌廣告業務。而聯廣之能取得客戶信任，是以比稿行銷案勝過角逐者。

而成田豐專務取締役轄下的第七聯絡局局長百瀨伸夫是個雄心萬丈的業務幹才，所負責引進的日本市場的國際品牌，如雀巢、萬寶路、優尼利活等，而在日本市場的國內品牌如山葉機車、鋼琴品牌，則有意代理其外銷市場。事有偶然或恰巧，山葉品牌在公開比案競稿下，由多年廣告業務代理的台灣電通公司轉移到聯廣公司，其實原因為台灣山葉機車公司在當年舉辦機車廣告代理投標案，聯廣公司幸得標獲取其廣告代理權。此一意外，影響了其第七局統合國內外品牌單一代理的構想。這是全球的區域擴增策略。

電通在日本市場每年代理雀巢、萬寶路、優尼利活、山葉四大品牌之廣告，而雄心萬丈的盛田與百瀨團隊，意欲將台灣的四大品牌也納入其服務範圍，以推動電通的全球策略，擴大其國際市場影響力。

何況，聯廣在當時尚有太平洋崇光百貨公司之廣告代理，而在日本，崇光百貨則是電通第七局的主要客戶。其蠶食鯨吞或一網打盡之策略昭然若揭。電通意欲在台灣與聯廣合作經營雀巢、萬寶路、優尼利活、山葉四大品牌之廣告代理，對聯廣而言，可加速拉大與第二位廣告公司之間的業績距離，另也壯強電通在國際上之盛譽。

可惜人算不如天算。當時的聯廣正是三股勢力爭奪經營權之時，由金融獨佔了優勢。正在此時，《經濟日報》報導了該上述四品牌即將由聯廣代理品牌行銷，並與已有品牌常勝經驗的電通合作。此消息一上報，影響了布局，成了美夢破局，令成田專務、百瀨局長、脇田女社長扼腕嘆息，也令筆者一生理想——與電通合作建交科學化、創意化、人性化之廣告公司，成為絕響。

是故，在一九九五年後與成田豐的書信往來中，有幾次他語重心長地提及，他與筆者雖有往來，卻常有擦肩而過之遺憾。

雖是業務少了合作機會，但兩人仍是心繫緊密。自從成田豐於一九九三年升任電通社長後，筆者有幸得以年年獲邀參加其公司年度大活動——電通賀春酒會，得與日本產業界、媒體界之長者大老認識，而展開兩國間的溫故知新之感情交流。

有時陪同社團訪日，如國際行銷傳播經理人協會、好鄰居文教基金會等，訪日行程中則抽空拜訪他，雖時間短暫不足一小時，總能獲知其業務推動心得、經營管理措施、國際市場動態等。其內容簡要易懂，生動感人，常成為筆者經營聯廣公司時的參考。茲憑記憶敘述幾點以分享讀者：

一、活動舉辦帶動廣告投入。

二、要成為廣告廠商的夥伴。

三、讓社會來驗證公司實力。

四、大樓能堅定員工向心力。

五、職業前途有賴同業同榮。

成田豐在電通擔任業務工作推廣客戶之廣告代理，其目的在使客戶商品市佔率提升、商品品牌廣被等。要達成這些目的，廣告信息之創作、廣告信息之刊播至為重要。然信息創作、信息刊播已因廣告公司之力求上乘而有不分高低之感。為求客戶服務之完善，有必要創新價值。他強調活動（Event）既是信息又是媒體，既是廣告又具公關。因此當他擔任業務主管時，常為客戶舉辦活動，以宣傳品牌、促銷商品、塑造品味等。成田豐為日本崇光百貨公司辦理的羅馬教皇訪日活動，被譽為最佳之廣告活動、公關活動、外交活動、宗教活動，真是一事有多譽。成田豐曾表示客戶在此活動上名實俱得。

在眾多廣告人感嘆廣告難為之當今現勢下，何不另添新意，使客戶企劃符合或提升其形象、市佔之活動，壯大客戶也堅強自己。何況政府已在推動會展產業之新興行業，而民間也已成立台灣活動發展協會鼓吹新的傳播事業。

在舉辦會展活動上，筆者認知電通公司是全球廣告公司當中最具實力，具有盛譽者。在世界體育大賽中，在世界博覽會上，總見有電通的名字嵌入其中，電通透過世界級大型活動，為其廣告顧客行銷傳播商品、品牌至世界各地，筆者就曾從成田豐手中獲贈印有長野冬季世運之精工錶。電通如此與顧客成為夥伴關係，是人人在做事上或可學習的。緊密的夥伴方能維持長久的關係，主客同心的態勢。

成田豐認為主客同心方能避開廣告公司所苦的提案競標。廣告公司之代理客戶廣告業務表現及效果的高低，客戶一清二楚。然客戶同事難免有異見發生，認定標準不同。主辦者為避嫌，會舉辦第二意見之聽取或第三者之客觀評斷，而有新廣告公司來參與提案競標。這種提案競標常耗損廣告公司之真正實力，因此他認為要維持客戶關係，唯有提供完善的服務內容，形成同心態勢。

不過廣告公司存在於社會，其雖為廣告廠商提供知識服務、資料服務、諮詢服務，然廣告之使用者則是社會大眾。因此，社會大眾應也會對創作信息、刊播其情意的廣告公司有其評斷標準。而其評斷標準則是在股票之買賣上。

成田豐要電通公司每逢三十年就必須換新辦公場所，以免員工擠爆空間。他就認為社長應開始為新大樓籌畫，其一是電通大樓的格式，另一則是建新大樓的資金。

電通公司從事的業務是廣告代理，故其資金是代收代付，存於自己手上之現金並不豐富。為籌募蓋樓經費，成田豐因有廣告公司之社會責任及社會價值之心中探討，乃決定股票上市解決蓋樓經費。誰知股票一上市，成為社會大眾之搶購對象，股票擁有者一夕成為富翁。由此社會大眾評斷了電通的優良，電通有了良好聲譽，又得了龐大蓋樓經費，可謂名實俱收。成田豐之經營判斷顯然極其卓越，而社會也驗證了電通的實力。

有了改樓經費，電通新樓興建也如期進行。其新樓特色有二：一是有地下道通往電通與新橋車站之間，增加電通員工上下班之方便，不管冷天或熱天；一是樓邊有劇場，名為「四季」，是一年四季表演由淺利慶太所導演的舞台戲劇。淺利慶太是著名的演出家。由此可見成田豐在從事商業之餘，仍然重視文化之推廣。

成田豐除了追求自己公司發展，也攜手同業並進。他曾於一九九八年至二〇〇〇年間出任日本廣告業協會理事長、日本發行公信會理事長，提升廣告業之素質、地位、報紙雜誌之發行份數可信性等，又出任亞洲廣告協會聯盟會長、日本活動協會理事長等。

在其卸下繁忙的社長職務後，出任電通集團會長、內閣府「安心社會實現會議」之議長、富士山為世界文化遺產促進會會長等，將半世紀廣告經驗奉獻給政府機關，以裨益日本社會。其能力、見識之發揮正由公司，進政府，而至社會國家。與其為友，實感與有榮焉。

成田豐一生尊其老社長吉田秀雄為師，觀其所作所為並不遜於吉田秀雄。吉田秀雄曾促成台灣的廣告業成立，實有功於台灣。國華廣告創辦人許炳棠曾奉其為師，並在業務推廣上，要員工每日早晨背誦「廣告鬼才工作十則」。吉田秀雄被日本廣告業界、媒體業界、工商業界尊奉為廣告鬼才，而其所作「工作十則」則被廣泛應用於業務上。吉田秀雄生前曾嘉惠台灣，促使台灣成立一個嶄新行業，即廣告業。

電通公司在吉田秀雄逝世後，為紀念此位中興之祖，成立了財團法人吉田秀雄紀念事業財團（基金），以繼承其志推廣廣告事業、廣告教育，並培養廣告人才、廣告教師等。成田豐在任職電通社長與會長期間曾推動一項活動，該項活動名為「紀念吉田秀雄百歲冥誕教師研究方案」，邀請東北亞洲三國之傳播學、行銷學、廣告學三個領域之教師到日本研究，為期一年，其研究費、住宿費、交通費等悉數由吉田基金支付。其教師遴選則由與筆者有關之國際行銷傳播經理人協會負責，先後有九位教師獲選，前往吉田財團做研究，如林東泰、翁秀琪、吳翠珍、林正杰等老師。成田豐以其職位影響社團，嘉惠了台灣的教師，促使其教學內容更加豐碩。

除了嘉惠台灣的企業界、教育界，他又在一九九九年捐資慰問台灣之九二一震災。當年，他派遣其海外部長攜信函及捐款來台，其言懇切，其款三十萬日圓（約新台幣九萬元）。聯廣公司深致謝忱，經過討論後認為轉手捐贈救災，不如應用該捐款將此次表現可圈可點的救災廣告做成紀錄留存以傳後世。如此，聯廣應用了電通救災款項製成一冊《救災心‧廣告情》，並將其普遍贈送給各縣鎮圖書館。為使捐款者知曉捐款用途，在事後將《救災心‧廣告情》數冊寄給成田豐社長。他來信云：「將轉贈給吉田秀雄圖書館，裨使成為社會財產。」

圖書館保存收藏著數以萬計的圖書資料，筆者的頭腦也保存收藏難以計數的成田豐社長之言行。而其言行也在其自著的《我的履歷表》中存檔著，讀者可自行翻閱，其自述定會比本文精彩百倍。

成田豐認為活動既是信息又是媒體，他以活動帶動廣告。他的活動觀念深深影響了電通的業務發展，促使電通由廣告走向傳播，由傳播走向綜合。他浸淫廣告公司五十五年，曾說：「與我入社時期比較，廣告的面貌有大大的變化。廣告不再只是連結企業與大眾，也連結國與國、國內人民與海外人民、政府與國民。如果協助溝通是廣告的角色，則其活躍的空間餘地真是無限的。」

成田豐是一位具有國際觀、專業心、關懷情、助人心的廣告人、社會人、國際人，是筆者心存感謝的人。

扶輪服務，服務扶輪

——分享服務芬芳

將分散的力量聚集起來的箍桶人

在清明節前及重陽節前，先祖父總會把家裡所用的大大小小木桶收集在屋簷底下，然後根據大先小後的順序，以眼睛察看其木板裂縫情況，或灌水於木桶內觀察水滲出桶外的情形。

經過檢查後，未裂或未漏者排在一邊，而對有裂縫或有漏水者開始箍桶作業，使能保持木桶之正常功能去挑水或裝水。

住在農村無自來水可用，家中用水一律依靠河水，而需水時則要去挑水。挑水用的是木桶，木桶常因使用多次或使用不當而有漏水之缺點，這是因為木桶的木板有了裂縫。欲將此木板裂縫修得緊密而不漏水，只有一法，那就是敲打環罩在木桶外面的圓形竹箍，使其能緊固、環繞圍住木板。

先祖父一年兩次需修補竹箍的鬆脫，使木板緊密靠在一起，不再有任何空隙讓善竄的水洩漏出去。先祖父就是把組成木桶的木板以竹箍將其圍環在一起，套牢在一起，使木桶發揮其能裝水而不漏水的功能。

台北北區扶輪社已有半世紀之久，各項服務組織可謂完善而能善盡其服務功能。然有些組織並非一開始就得到社方之認同，需要有具眼光、具熱情之社員辛苦圍箍，而後方得獲正名而入列為正式組織，這時「箍桶人」真是勞苦功高。

當CL前社長楊昌烈意欲頒發獎學金嘉惠雙親雙亡之大專學生時，曾力邀社友捐款。他將獎勵雙親雙亡而品學兼優的大專學生視為木桶，而努力尋覓獎學金捐款人，期使木桶能成形而牢固。張和鈞前社長率先響應捐款而成為圓箍，之後，社友陸續捐款而成圓箍來源。楊昌烈前社長基於愛心而號召社友捐款來濟助學子所需之服務理念產生功效，於是社方將其納為北區扶輪社之正式服務活動而成立「扶輪親恩教育基金」，如此楊昌烈前社長就成吾人尊敬之箍桶人。

迄今「扶輪親恩基金會」已運作四十年，頒發獎學金無數，年年嘉惠雙親雙亡或雙親單亡之品學兼優大學生。當年得過獎學金之學生，目前抱感恩之心而年年捐款給「扶輪親恩基金」，實在感人。

台北市北區扶輪社提倡市區美化，多年前向社友募款建設公園，「扶輪親恩基金會」響應之，亦提撥巨款協助之。公園名稱叫「扶輪親恩公園」，目前該公園已捐給市政府，給台北市增添美景。

何景明前祕書擅打高爾夫，扶輪人無人能出其右。他不僅自己愛打也勸人來打，三十多年前打高爾夫風氣不盛，他依然提倡打高爾夫對健康、交友甚有幫助。在扶輪例會上，他對出席社友見一個勸一個，苦口婆心地勸誘。只要有一個贊成他的打高爾夫有利健康有益交友的理念，Kemmy前祕書就一個例會從始至終高興到底。

贊成打高爾夫的社友一個接一個地出現，何景明前祕書就欣喜若狂地將參加社員圍箍起來，使其能成為牢固的木桶高爾夫球隊。

台北市北區扶輪社的社友高爾夫隊就是如此組成，而後由體制外變成體制內的健康委員會的組織。何景明前祕書是此球隊的箍桶人。目前的他依然勸說舊社友與新社友來加入球隊，以高爾夫保健康，助交友。

李炳桂社友社齡高達三十三年，入社以來各項職務都不拒絕擔任而且是樂意赴任。但有一樣職位是他堅持不擔任的，那就是社長職位。

李炳桂社友近二十年來創立其對社內之特色服務，在扶輪社每週例會上有糾察主持小額募款。這種捐款是社友自由樂捐的，但李炳桂社友卻是每週必定捐款。他週週捐獻，月月如此，年復一年地持續，其捐款信念與毅力實令人佩服。

李炳桂社友在台北市北區扶輪社二十九屆時，曾邀請當年入社社友共聚午餐。時任社長者為筆者，當年入社新社友達十一人，是歷屆從未有過之紀錄。李炳桂社友唯恐新社友不熟悉扶輪環境而有退社之舉，於是利用午餐時間使彼此認識扶輪，使彼此交流成友。

李炳桂社友是在鞏固社員之心志，是在團箍扶輪社之組織。李炳桂社友之共聚午餐會持續了六到七年，直至他不幸病倒。但在病中，他還是拜託時任社長之馬長生、陳俊鋒應繼續辦理，以利新社友早日認識扶輪。

李炳桂社友真是盡責的箍桶人，他雖不在社長職位上，而他心之所繫則是社長任務。

新社友共聚午餐之事，停了好幾年，在五十一屆蕭榮培擔任社長後有恢復之舉，因有人挺身出來擔任箍桶人。他一跳出來表明意願，即有眾人追隨。他願一年舉辦三次，邀請入社三年資歷社員共聚午餐，以便早日進入核心，而能提供扶輪服務。

箍桶有其積極與消極兩面意義：積極面為將木桶之每片木板圍捲而木板片片緊密靠緊，使裝在木桶內之水不會外漏；消極面則為平常就該敲打圍箍，使木桶不會有裂隙，維持木桶之耐用年數。積極就是形成木桶，消極就是保養木桶。

這位箍桶人努力將共聚午餐會變成體制內組織，納入社員發展委員會內，或在社員聯誼委員會內，如此扶輪服務才會更健全。

除了有社友自告奮勇、挺身而出擔任新進社友之箍桶人外，謝文和前社長在其主持社務時曾公開徵求石雕，從中選出「阿爸的話」石雕而設置於新生公園，供人欣賞優閒的阿爸對著好奇的子女講故事。

如今謝文和前社長又辛苦拉緊社友們來唱歌歡樂，有些社友聞之心喜而成為水桶之木板，有些社友則是再三思考而後加入。謝文和前社長總算運作了二到三個月，找足了十六個人，高興地宣布「北友歌唱班」成隊了。之後每週例會，他則穿梭於餐桌間尋找歌唱社友，叮嚀別忘了出席歡樂歌唱之夜晚。每次歌唱夜晚，他總是比歌唱班員早到練唱場所，整理器材之適當與否，頗費苦心。

「北友歌唱班」已順利運作，將來或會由體制外進入體制內，而在康樂委員會成為一個組織，如是謝文和前社長是一位箍桶人。

北區扶輪社遇有節慶喜事則邀請「北友歌唱班」來表演，演出的曲目有扶輪歌、鄉土歌、流行歌等，讓社友怡情，讓社友交流。

台北市北區扶輪社是一個組織，組織要為成員做其需要之事。

然組織有時照顧不到成員之各種需要，成員若能自告奮勇來號召眾人彌補這個不足，則組織才會更健全，而滿足成員之需要。這位自告奮勇者就是箍桶人，他犧牲自己的所有的精力、財力來拉攏眾人，共創眾人之所需，實是組織中的貢獻者。

箍桶人雖非年年出現，卻也常常奔出，這給五十年歷史的老社常有衝刺的新氣。箍桶人出力出錢，而無怨言又不居功。台北市北區扶輪社實在有幸，而此幸或許是台北市北區扶輪社經營多年之社風。

讓服務印下輪跡的箍桶會

俗云：「凡走過必會留下痕跡。」茲將五年的箍桶會走過的本社服務活動記錄下來做為痕跡，以便將來之繼來者做為參考。因台北北區社的扶輪傳承工作至為重要，是以拙筆記其五年輪跡。

林誠謙PP任滿而將五十一屆社長職務交棒給蕭榮培PP運轉，如何將上屆光輝持續發揚則是接任者的決心。接任社長蕭榮培是力爭上游的企業家，應會使力推動服務社團之強化以增強本社之對外貢獻。

他認為社團正如企業經營，若要有正常或成長的運作則需要以人才為基本，而在人才上則有質量之雙層要求。是故北區社應有數量與素質之並進策略，數量上有賴社員擴展委員會之努力，而在素質上則需靠培訓或友誼之推動。

如此提升新進社員之素質有明確概念下，乃沿用先進李炳桂社友在第二十九屆起舉辦之「新進社友聯誼午餐會」方法定出推動方案：其一為「新進本社三年以內之扶輪人，其二為一年舉辦三至四次，其三是費用由前任、現任、接任社長來捐付等。蕭榮培PP乃要筆者來辦理此一任重啟蒙性之教育事務。

在「社長之命不可違」之不成文傳統下，唯有奉命接受。唯提出三點先請其同意：一、這是試辦性質，見好可續辦，不好則即刻停辦。二、這是試辦活動，宜或應放在體制外運作。三、此活動係屬聯誼與求知。

這種收攬人心、養成同心之方法就命名為「箍桶會」，概念得自於先祖父之緊箍水桶以免木桶漏水。

奉命擔任箍桶人後就在為新社友服務之責任下，展開了幾項具體工作方法：

一、造名冊（入社三年內）。

二、聘講師（總監級）。

三、定場所（國賓飯店）。

四、覓東道主（前社長輪流）。

五、年三次（配合社務）。

這種箍桶會之目的，其一在增加新入社員之在社率，防止退社率。至於入社率則全賴社員擴展委員會。其二、增進扶輪知識與強化扶輪友誼。人不經一事不長一智，透過友誼來服務是省力方法。

箍桶會之運作順序為一箍桶人扼要說明扶輪近況、要事，而後由邀請來的講師講演扶輪服務大事，三則講畢才用餐。可在用餐時間內交流及問答。三段過程不鬆不緊。然運作之難在講演題目之選擇，及講師之人選。講題方面有扶輪歷史、扶輪服務、扶輪公關、地區總監之職務、扶輪國際、扶輪親善等等。講師則是從扶輪知識豐富、扶輪經驗紮實等被尊為有料之一流人格者中挑選，是以有來自三五二〇地區、三四八〇地區及中華級組織等之箍桶講師。

除了靜態學習外也辦了一場動態巡禮。以專車巡迴生命線協會、父愛銅像、阿爸的話銅像、親恩公園等，並聽取讚頌父恩歌曲、父親的短信等使三年內新進社友能早日瞭解北區扶輪先進們之服務熱心與服務傳承之過去狀況。

箍桶會之目的在防止退社率，加強認同感則其講題與講師實需尊重與會者之意見。因人普遍有遠來和尚會唸經之偏差觀念，所以在選講題與講師上儘量避免本社或本地區之傑出社友。好在五年來箍桶會所選題目、所邀講師均能獲得與會社友之贊同，做為主辦的箍桶人實內心感幸運與安慰。

經過蕭榮培ＰＰ之任期內三次的箍桶會運作使與會者咸認有價值，有收穫，因此在尚未結束前就被內定，下屆社長之莊育士ＰＰ聞風已提早下訂單來。因受內定社長之重視，箍桶會就一年又一年延續下來。五十一、五十二、五十三、五十四、五十五等屆社長等，依制度年年煥然更新，此箍桶會卻年年不受其拘束而幸能獲預定。台北北區社社友們善於運作社務，由此可見。

然一個組織生存一段時間後就有定型化之毛病，為避免此種不良情形出現，應有人思變以防止之或改善之。就在鍾梁權社長五十五屆任期中辦完第三次箍桶會後就萌去意，而正在思索何人適任此位以便向下任社長黃國欽推薦，此時有一議傳聞過來，意即要將箍桶會務收歸在ＳＴＡＲ委員會內。

如將其收納在委員會內，則箍桶會將成為體制內活動而成為本社社務活動之特色，現階段方式亦是本社特色而受友社之注目，正如本社已有之親恩基金會獎助活動。然在例會上相遇有關社友則云：「曾有人提議，然商討結果以維持現狀為最宜。」如此，走過五年的箍桶會將維持其對新進社員之服務，再踏出其維繫新人之服務。

在走過五年後即將踏出另一段扶輪服務之前夕特藉此機會敬向所有社友、五任社長、五屆參與人表示由衷謝意。箍桶會是防止退社的一種試探，也是緊密社友友誼的一種活動。

五年，不能算短，但也不能說長，只是在時間上可說長短恰恰好足以用來自省：五年的箍桶服務結果，是成功抑或失敗？成功不敢自言而有公斷。至少成事則感言該有，因為箍桶會服務活動已成歷屆社長必辦之項目，已產生退社率降低之紀錄，已有輪跡印下在北區扶輪社裡，已有友社視之為服務標竿，有此深刻輪跡實堪告慰。

對所有社友及三位幹事心存感謝。希望台北北區扶輪社在扶輪服務上如箍桶般緊密，同心協力日日行公益，將人間愛推己及人。

——本文撰於二〇一四年——

扶輪親恩教育基金服務

——台北北區扶輪社之驕傲

一九七九年台北北區扶輪社在楊昌烈（PP CL）、張和鈞（PP Taiping）等前輩倡導下成立了教育基金，經過郝更生（PP Gunsun）夫人提議將此教育基金命名為「扶輪親恩教育基金」。

這一年的社長是受人敬仰但已過世的何棟梁（PP Teeth），是我參加扶輪服務的第二年。

扶輪親恩教育基金的成立目的，是在獎助雙親雙亡之品學兼優的高職或專科學校學生。後來隨著社會的變遷，此一原始條件有所放寬，如（一）雙親雙亡變為雙親單亡、（二）專科學校變為大學院校，然而其雪中送炭的情懷與慈悲則始終如一。

親恩教育基金之目的既在獎助學生，則需有獎助金之來源，而獎助金之來源則依賴於基金孳息。因此，獎助金之金額就限制了受獎學生之數目。如獎助金額不變，則基金孳息越多，就能獎助更多學生。社員們一直希望獎助更多的遭遇不幸但努力上進的學生。

然而基金孳息的多寡，卻受到兩個因素的影響：一個是基金的多少，一個是利率的高低。這兩個因素中，基金的多少可依賴主觀的努力來促成，而利率的高低則是全靠客觀的條件所支配。

所以，要讓受惠學生增多，利率是不可靠的，唯有累積基金才能幫助更多人。感謝社友年年布施捐獻，使得基金在二〇〇三年七月社長交接典禮上提前達成二千萬元的目標。

基金的孳息就是獎助金的來源，但也有另一來源，那就是當年度的社友們對基金之捐獻。

獎助金之意義有二：一是獎勵，一是援助。獎勵受獎學生之品學兼優，援助受獎學生之處境困難。獎學金的基本精神是在肯定受獎學生之向善上進心。

獎助金之頒發固然是在雪中送炭，因此，除了有固定性的頒獎外也有臨時性的頒發。固定性的頒獎是被動接受申請，而臨時性的頒發則是主動伸出援手，如二〇〇一年的頒發百萬元獎助金給南投的桃芝颱風受災而無法註冊的失親學生。

扶輪社非常重視下一代的教育，因此在國際扶輪就有國際扶輪大使獎學金，以獎助各國的留學生，以此推廣國際交流、理解，期能推動世界和平的扶輪目標。

在日本就有米山扶輪獎學金，獎助赴日留學的外籍學生，期能使外籍留學生的在學生活獲得安定。

在台灣就有中華扶輪獎學金，這是在培養台灣學生的博士人才、碩士人才。

上述三種獎學金均是以學業成就為標準，有錦上添花之感。然而台北北區扶輪社的親恩教育基金之頒發條件卻是「不幸遭遇」加上「品學兼優」為準，有雪中送炭之美。這是親恩教育基金與其他獎學金有所不同之處，有獨一無二之定位，是台北北區扶輪社之驕傲。

台北北區扶輪社創社於一九五九年三月二十四日，在即將來臨的二〇〇四年三月二十四日就滿四十五年，而親恩教育基金是在其第二十屆時誕生。

這二十五年來，親恩教育基金始終本著其創設宗旨來獎助不幸失親但品學兼優的大專學生。這一獎助事業是其骨幹，然在行善前進途中亦有「脫軌」的瑕不掩瑜的表現。

舉其記憶深刻者有：贊助老兵還鄉、贈送圖書、捐建學校體育館、捐建親恩公園等。

親恩教育基金的事業二十五年來年年在擴大，這是慈悲的弘揚，令人安慰與鼓舞。希望能在三月二十五日的創社紀念會上，宣布二千萬元基金為基本，並出版親恩教育基金二十五年的軌跡，做為台北北區扶輪社的壽禮。

二〇〇一年年初，當時的社長當選人陳俊鋒（PP Jeffers）與社長當選人吳昆民（PP Farmer）來找我，要我擔任扶輪親恩教育基金的主委，且要我三年內三任，以便用時間建立績效。什麼績效？活絡擴大親恩教育基金的功能也。

這是很突破性的任命：（一）打破一人一年一任的扶輪根深柢固思維；（二）以每年任命來延續工作的推動，並符合扶輪規章。

二位社兄的盛情不敢推辭，後又有王振堂（PP Acer）社長的邀請難卻，於是擬定方針，設目標，想方法，最後得到下列方案並付諸實施：

一、基金目標為二千萬元，在二〇〇四年三月本社四十五週年社慶時達成。

二、尋求社友每年捐十萬元連捐三年。

三、推動社友每逢有關親子紀念日時，思親情而做小額捐款。

四、獎助金的頒發可為固定性與臨時性。

五、組成得獎學生聯誼會，或每逢佳節邀其來社參加，或例會中來演說。

三年來，每年捐獻十萬元者有Acer、C. G.、Chemical、Bull、Brain、Invnet、Haigo、Jeffers、Jimmy、Johnny、Taiping等，衷心感謝他們持續三年不斷的捐款。

三年來，除了固定頒發獎助金嘉惠學生外，也緊急救助受災學生繳納大學入學費或註冊費。

台北北區扶輪社親恩教育基金會頒獎典禮。

不敢言三年有成，卻感三年的溫馨充實，人生三年沒有留白。三生有幸來擔任此職務，三聲感謝新舊社友的支持。三鞠躬！

——本文撰於二〇〇四年初——

親恩教育基金第三十五屆頒獎典禮上勉勵得獎學生。

親恩基金捐款人合影留念。

扶輪服務貴在不求回報

二〇一一年十二月一日參加台日國際扶輪親善會之理事會，會上理事長林士珍報告：「台灣扶輪人捐款給東日本災區之金額達一點四億日圓（折合台幣為四千二百萬），日台國際扶輪親善會當局正在苦思如何回報台灣扶輪人。」聞及此言，理事劉昭惠舉手發言：「請其不要費神考慮回報問題，趕快將該筆錢充做賑災！只要在最後將捐款用途一報就可。台灣扶輪人應該不會要求回報。」會上眾人均異口同聲表達：「做善事豈能求回報！」

誠哉此言！施捨者只是一片愛心，希望受惠者能早日有眾人般的正常生活。台灣人捐款給日本人有二百億日圓，也是基於人間愛，希望彼等將這筆金錢化為救災、救濟、救難之用，怎能有求回報之心態？

求回報者是在經濟行為上，以錢助人，望其回復正常生活，這是高尚的慈善行為，怎麼會有投資報酬之計算！聽眾人之善心智言後，理事長林士珍表示將會懇切告知日方勿有此掛慮煩心。兩會之親善關係已達到相會時稱兄道弟，且已去除互贈禮物之假情虛禮，重要在有難互助上。

施捨者有這種心胸實是可貴可敬，有這種心態誠美德矣。

寫到這裡，聯想到另一事。美的事、善的情會如水波前後推蕩。

二〇〇一年十一月十八日參加台北市北區扶輪社所舉辦的扶輪親恩基金會的頒獎餐會。親恩基金的目的，是以獎學金幫助失親（雙親或單親）的品學兼優的大學生。基金的來源是內部的北區扶輪社員之逢喜就捐（如夫妻結婚週年、子女成婚、雙親喜壽等）之累積。

在頒獎餐會上前社長洪良浩講了一個體驗故事。故事如下：

多年前在美國，所開汽車在黑天暗夜、冰天雪地的曠野突然輪胎有異。於是就下車關上車門，打開後車廂，拿出工具，又卸又安了輪胎，高興問題解決了，就鬆口氣地關了後車廂。當後車廂關好了，才突然發現汽車鑰匙放在後車廂裡。心頭急冷，身體發抖。

但，擔任企管顧問多年的他馬上鎮靜，做出求救姿勢。馬路上一部部汽車駛來又馳去，然無車來探頭。在忍受寒冷、忍受失望狀況下，總有幸運來臨。終有汽車靠近，是個年輕人。瞭解困境後，被邀上車，同車送至洪家拿取備份鑰匙，再載他回至事故原點。

洪前社長危機解除、大感輕鬆之餘，問這位幫助他的年輕人要如何來報答謝恩，救助他的年輕人答道：「不必，但願你下次有機會遇到路上有難之人時，能救他、助他，就算是回謝了！」

講完故事後，前社長洪良浩告訴二十五位領取獎學金的大學生，雖然現在處境不良，需受扶輪社之支助，但將來遇到處境相同的學生時，務必以相同方法支助他們。

筆者也被主委陳俊鋒前總監叫上台講話。筆者祝福領獎學金大學生前途有厚望。將來自己有餘力時，即心力、時力、知力、財力、物力等，能將其多餘之力量拿出來與不如己的人分享。扶輪人一直在努力做將己力分享他人的善行。

台北北區扶輪社社員以捐款救災東日本，是一種分享己力救他人不幸之行為。

在年度的社區服務活動裡，曾舉辦了公開徵文，以百字短信的方式展開，其題目是「台灣的父親給日本的父親之短信」。所獲得的百字短信，均屬文情並茂。

社區服務主委王剴鏘以為工作告一段落，心想歇一會時，其服務佳作被國際服務主委林忠正看上。主委林忠正又將念頭轉向與台北北區扶輪社合辦「父親百字短信」的五美文教基金會。因該五美文教基金會曾在四月分於台中市北屯區舉辦過四所國小學生的作文比賽，其題目為：「台中市北屯小學生給東日本災區小學生的百字短信」。如此，有大人的短信，有小孩的短信。

林忠正主委願將台灣的父親之百字短信與台中的學童之百字短信集成一冊，將之譯成日文寄給東日本災區。於是扶輪社與基金會合作，國際服務延伸社區服務，形成了另一型態的公益活動，是一種人道關懷。

透過台日國際扶輪親善會理事長林士珍所提供名單，將百字短信萬冊以上分批寄至日本二五二〇地區總監菅原一博、二五三〇地區總監根本一彌、日台國際扶輪親善會會長前川昭一等之辦公所，另由主委林忠正及筆者寄往在日本之友人處。

如今回信接踵而來，陸續到達。所來之謝函真令人感動萬分。雖言不求回報，但彼等之回音貴重猶如回報之厚禮。茲摘譯為中文分享大家。

日本著名歌舞伎演員市村萬次郎的太太市村潔子之來信：「從台灣送來了很多的義援金，日本人銘謝於心中。這回的短信皆寫溫暖、鼓勵之情意，實在感激萬分。如僅有吾家拜讀則甚為可惜，乃將一冊轉送給霞會館之理事們。」

所謂霞會館是由舊皇族、舊華族所組成之社團，日本在戰敗後取消了此等皇親貴族階級。

不久，霞會館之常務理事梅溪通明來了信，云：「通過市村潔子吾等拜讀了台灣的父親、台中的學童等之百字短信。雖是小學生卻能正確掌握地震、海嘯、核爆之害，又能引用太陽旗、櫻花來喜愛日本、喜愛世界。彼等的純真讓吾等觸上了小學生之琴線。吾等必會將台灣人之厚情告知日本的年輕人。」

曾任飛驒市觀光協會會長，而有日本社區營造先驅達人之雅號的村坂有造也寄來一信，云：「此次惠贈百字短信小冊，實足溫暖人心。我是在災難發生的三月十一日下午二時四十六分之前一小時搭機離日。知道日本有災難發生是在旅行歐洲途中，到處受到日本加油之鼓勵！」

東京北區扶輪社社長渡邊真也來信云：「未受災難的吾等，看了百字短信也感受溫暖、關心、勇氣洋溢在文詞裡，而不禁熱淚奪眶而出。」大阪北區扶輪社社長阪口善雄在來信中云：「強烈地感受友情牽絆，各位的關心體貼必會成為災區無法取代的支持心柱。」

來自災區的志津川小學校長加藤敬一之謝函則云：「從台灣各位所獲得的尊貴善心，將是吾等復建志津川小學之巨大支柱，……教職員一同將更努力來培養兒童之夢想成真，健康成長。」而來自山下第二小學校長渡邊孝男之禮函則云：「為學生，各位賜給了眾多的溫暖信息，即使是鉛筆一枝、記事簿一冊，學童們也珍惜、喜愛。」

閱讀了從日本來的謝函，相信施者的台灣人也會感動如受者之日本人，施者之感動在於受者之得救有助。真是施受同福。

施者不求回報，但如受者能善用施者所提供之餘力時，必會感萬分榮幸。受者或會思慮「喫人一斤必須還人四兩」，然施者若得知救助有成、救濟有望、受者能心中有感時，這已獲得回報了。那是自己滿足於人間相愛互助成真之自我實現，達成了扶輪之人道關懷，行善天下。

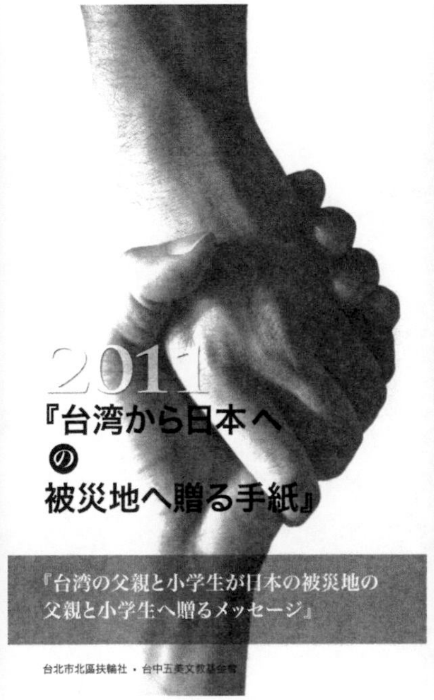

左：父親的短信和小朋友的短信——給日本受災地之父親與兒女，集成一冊，組團訪問災區分發，受回送小冊與上列「津波」。

中：父親的短信得獎作品譯成日文送給三一一災區之日本受災者，受到「感謝台灣」的歡呼。

右：小朋友短信競賽得獎作品集成小冊，分送台中各小學及專人送至日本災地（譯成日文）。

串聯結成國際社區服務

——贈送漫畫《如何避免掉入網路陷阱》

二〇一一年九月十三日，在五十二屆社區服務主委張家豪領導下，台北北區社有社員黃國欽、張俊哲及筆者成團參加台南北區扶輪社、台南扶輪社、台南東北扶輪社、澎湖扶輪社、馬公扶輪社等五社聯合主辦的贈送漫畫《如何避免掉入網路陷阱》給台南市政府。

此一聯合贈書活動係由台南北區扶輪社主導，該社社長王隆機（Casting）在致詞時說：「今年年初，看到《講義》雜誌上有一篇〈偶然的串聯〉，深受感動。時任社長當選人，心想一旦擔任社長必將此漫畫送給服務區內的國小生、國中生。如今能得台北北區扶輪社之分享，本社與其他三四七〇地區第一分區共五社實感榮幸！」

「莫讓小孩掉入網路陷阱」是社會上有子女的父母所關心的。言教、身教似難收效，如今日本扶輪人以漫畫來推行教育，淺顯易懂實是非常理想。王社長如此說出了贈漫畫之由來與心情。

《如何避免掉入網路陷阱》漫畫就由日本東京惠比壽扶輪社的日文版，連結了台北北區扶輪社譯成的華文版，再連結了台南北區扶輪社等五社分發九千二百本在南台灣。其諄諄善誘地勸誡小孩的方式，使這本漫畫將更廣送各地且具有成效。如果今後高屏地區、中部地區之扶輪社能如同台南北區扶輪社般與台北北區扶輪社連結行善，則該漫畫將更具意義性、效果性。

台南市市長賴清德在接受此漫畫後表示將會發給市內國小、國中，並興致勃勃談其市政理想，其要項為「書香至台南」，會要求或協助各級學校設立圖書館，並會向中央爭取國家圖書分館之設立。他認為出版漫畫以圖文預防小孩掉入陷阱，真是功德無量的事情。

聞言及此，筆者感到台北北區扶輪社全體社員真有眼光、慈懷，並建議市長應多舉辦活動。贈送漫畫儀式後，台南北區扶輪社設宴於日本料理店，招待台北北區扶輪社三位社友。該社出動五位社長經驗者來聯歡，其中有位社長當選人要求該社社長組團訪問台北北區扶輪社以向五十三年前輩取經。聞之既感光榮又覺汗顏。

據聞日本東京惠比壽扶輪社即將在泰國曼谷舉行的國際扶輪年會上展示漫書日文版、華文版，也會展示法文版與英文版。華文版應是漫畫版的第一個外文版，它帶動了其他語文版相繼出現在國際上。真是日文版連結華文版，華文版又連結英文版及法文版，再再連結世界，扶輪活動如此行善於天下。

——本文撰於二〇一一年——

取得日本東京惠比壽扶輪社之授權，印行《如何避免掉入網路陷阱》漫畫讀本，分送給台北市各國中，教育部長吳清基前來主持贈送典禮。此漫畫後來大量發行到台南市、澎湖縣等地。

受日本東京惠比壽扶輪社之邀，參加其十五週年慶，並慶祝漫畫《如何避免掉入網路陷阱》分贈成功。

一杯招水

電腦，只是一件物品，但它可成辦事效率的工具，也可成為休閒享受的手段。不過，今天存在於例會上的電腦卻是除了物品、工具、手段外，更具有慈愛的象徵。致贈電腦的台北北區扶輪社心中充滿著慈悲，來撫慰受天然災害的學童們，而受贈電腦的屏東縣原住民文教協會，必也懷著滿心的慈悲來感恩悲天憫人的大人們。

能將Acer牌電腦致贈給屏東縣的十二個部落實是上天的安排。

台北市北區扶輪社在救災上一向不落人後，此次八八水災一發生，理事會與扶輪親恩基金會即刻想到如此重大的災情，必定會產生眾多缺錢註冊的學生或無校舍可讀書的學生，於是緊急決定募集二百萬元來協助雙親雙亡或單親已亡的大學、中學、小學、在校生，每人發給一萬元以救其急，對象是台東縣、屏東縣、高雄縣等災情慘重地區之學生。

台北市北區扶輪社另外一項救助是與高雄扶輪社和國外扶輪社共同救助高雄二所國校，向社員募款了五十萬元交由高雄扶輪社以人溺己溺的精神去行善。

而救助屏東後山部落的教學設備與教育經費，原是理事會所討論的第三項救助對象，因天不從人願，遇上災後通訊不良，而無法掌握實際災情，乃決議延辦。

在理事會決議後不久，筆者有事無事打電話給日本的扶輪人圡屋亮平前總監，向其請安後又談及台灣目前救災的行政無方。圡屋亮平前總監卻在國際電話中表示願捐百萬日圓，交由筆者處理。

這真是意外的善款，來得如此突然。五月二十五日筆者從公司退休後曾去函告知，之後事隔三個月均無往來，如今突獲此善款實興奮又惶恐。

二〇〇六年蔡松祺會計師擔任三五二〇地區總監時，指派筆者做為國際扶輪社長代表圡屋亮平的隨侍，以完成圡屋亮平前地區總監督導地區年會之任務。三天朝夕如影隨身乃建立了友情。

三年來互有往來，他陪同已故佐藤千壽前總監來台舉行台日扶輪親善會之會議，或視察烏山頭水庫、嘉南大圳以便將來台日扶輪人合作，將其登錄為世界遺產等。筆者則陪同團體去日本參加行銷國際會議，或主持台灣廣告讓在東京廣告博物館開幕，總是投宿其在東京郊外幕張的旅館。交往雖不密切，交情卻濃厚。

圡屋亮平前總監的百萬日圓捐款實是「招水」般地有意義。吾人利用幫浦汲水上來再手動木把拉上推下時，首先需放一杯水進幫浦。這一杯水至關重要，有灌則井水會上來，無它則井水上不來。這一杯可謂是招弟之女孩，日本人稱它為Yobi Mizu即招水，日本字寫成「呼水」。

被命名為招弟之女兒實負有父母之極大期待。能否招來弟弟雖不是她所能決定，但任重道遠則是明顯至極，有無法自負的責任，卻有傳承家庭的期望！

圡屋亮平前總監的招水，如果是轉手捐給受災單位，他是樂由受託人決定。受託人如能將其百萬日圓做為招水，他也會樂允。其放捨責任在受託人。

於是找了社長蕭榮培，問尚有何災難可由吾人來救助之。社長云：屏東十二部落案胎死腹中，至感可惜。經過思考決定使其敗部復活，然需將救助價值擴大。要讓圡屋百萬日圓成為招水，而產生加倍價值。受託人如此思慮。

因此在例會上（九月八日）要求緊急發言，告知扶輪同仁有一筆一百萬日圓捐款，有一項可救助十二部落的學童之災案，可否由電腦使用人、電腦經售人、電腦製造人來一人一部？

語畢未坐下，就有宏碁董事長王振堂的比手勢十台，其他則有五台、二台、一台等之響應。圡屋亮平的百萬日圓捐款真的成為招水，招來了十八部電腦，而產生了二倍之救助效果。百萬日圓購買電腦救助屏東十二部落上有了二倍價值。電腦比預期的多，真是謝天謝地。圡屋的招水引來了台北市北區扶輪社的慈悲善行，拉動了其扶輪服務理想，實在有幸是個扶輪人。

圡屋的百萬日圓招水又招來了其舊識李翼文前總監的文具用品，可一併贈給災生。善行如此擴大，真令人感扶輪的溫暖、扶輪的真味。

這是一位日本人捐款給台灣以救災的將小變大的故事，一杯招水成二倍善果。令人感三生有幸！筆者受託完成此事，亦感欣慰。但願自己今後也能成為救災行善的「一杯招水」。

——本文撰於二〇一一年末——

春風吹來陶與花

——花器化為愛留存

富怡春

金色屏風前跪著穿和服的日本小姐，她正在聚精會神地選枝插花，東挑西選，左觀右看，為的是在陶土的花器上展出相配的花樣。

穿和服的小姐在其上台後畢恭畢敬地移步，而後下跪向金色屏風行敬禮。因金色屏風的位置是日本神明棲息的所在，插花雖是一種藝術，卻也是一種祭神的儀禮。

行禮如儀後才展開將花卉插在花器裡，如何插得生動美豔，則不只是花姿需考量，還要慮及和花器相配的整體美。

花卉與花器的相配，展現的相互競妍而融成一體美感，令人感到心動，是這次展演會的追求目的。

花器是日本陶瓷文化交流協會成員的作品，而插花則是清鳳花會成員的作業。二會的成員從老遠的東京來台灣台北，為的是創造二者合一的美品。這種二合一的藝術展演會是在今年三月三日與四日在台北的國賓大飯店富怡春廳舉行的，其主題是「花在望春風來」。

和服小姐共有二十二位，個個插完藝術之花卉後，必會與花器製作者共同舉行說明會。陶土花器製作者首先說明其花器製作的意圖、技術等，而後由鮮卉插花者說明其如何利用花器之形狀、顏色來插花，以產生花器與花卉之一體美感。這是陶藝者與花道家之合作，其旨在創造二者之原有美感外之新美感，使有一番新貌。

偶然產生

日本陶瓷文化交流協會與清鳳花會之合作展演，在台北這一場算是第三次。二會曾合作展演於日本東京與奧國維也納。

去年春季，筆者會見四十年來之老友堀貞一郎。他曾是電通員工，東京迪士尼樂園首任總策畫師，也是日本陶瓷文化交流協會之前任會長。

與他相見閒聊時，他提及正在物色國外的展演場地。基於四十年老友情誼脫口建議：「何不考慮台北？」舉出理由說：「一、台北的文化氣息濃厚；二、台北的插花風氣盛行；三、台北的治安良好適於外國人旅行者；四、台北的菜餚甚獲日本旅客喜愛；五、台北的展演場地容易選到；六、還有台北有位多年相知朋友可幫忙等等。」

說了就忘，是人的毛病，本人亦然。然聽者會有意的。秋天到了，中秋過後，吾友崛貞一郎來信云日本陶瓷文化交流協會與清鳳花會，經過討論後決定來台北做一場陶藝與花道之展演會。要筆者幫其忙。

於是筆者開始物色會場、旅館等，筆者祕書在此出力甚多。將候補場所之租金、面積、房數以估價方式向其提出，宛如是家旅行社或活動公司。

去年十二月份二會重要人物，如日本陶瓷文化交流協會前會長堀貞一郎、幹事每木丈夫、設計者石原堅次、清鳳花會會長奧平清鳳等來台北勘察場所。終於選定會場，房間均在國賓大飯店，可謂事成可交代。

至此，筆者認為二會來台做展演實可視為國際關係及文化交流，扶輪往來，萬不可由個人獨攬行事，宜由團體來合作完成之。乃建議台北北區扶輪社來與東京日本橋扶輪社合作，做為二社間之國際服務以推動之。幸得社長黃輝雄首肯，也經過理事會同意。乃與隸屬於日本橋扶輪社的前社長堀貞一郎商量，獲其贊同以此模式來推行本活動。

台北北區扶輪社與東京日本橋扶輪社，原素昧平生，如今卻因二個老朋友的私人關係而要來推動一項屬於文化交流的國際服務。實是有緣，其緣來自偶然。戲言成真，實感快慰！

花所望

二日下午二會全體抵達台灣，陶藝者因花器已在日本燒陶完成，帶來的就是作品，所以陶藝者就擦拭其各自作品；而花道家則分乘三輛車前往台北北區社社友所經營的花卉店去選擇插花所需之花、枝、葉及劍山等道具。

個個穿著便衣牛仔褲興高采烈地讚嘆台灣之花的美妍多樣，認真地花了四小時總算挑選其所需要者。

三日上午，二會所有人員集合在富怡春展演會場為二十個花器插花。花器共有三十個，十個是留著插花展演用，二十個則是裝飾會場用，屬於較大件者。一瓶花、一盒花的作品，都是由陶藝者與花道家邊商量邊形成的，是二者的現場合作產生的一體美品。件件皆辛苦而成。

三日下午開始，每隔一小時就有現場插花的展演。每次插花都是莊嚴無比：先有小姐捧花器上台，而後有另位小姐端花上台，其穿著有異於昨日下午與今日上午的便衣牛仔褲，而是端莊豔麗的和服；其移步是細心的，其行禮是虔誠的，其選花是謹慎的，其剪枝是細膩的，其插花是恭敬的。全程不過十五分鐘，卻足令人屏息觀之。觀看美的誕生過程，實感幸福無比。而後就是陶藝者與花道家二人共同來說明花器的製造意圖，插花的設計用心。聽此一說，更感美的產生多麼艱辛與費心。

四日是一整天的展演，每隔四十五分鐘就有一次美的展現與演出。春風一刻送香來。

這種陶藝與花道的共同創美，稱呼為「花所望」，起源於一千多年前的日本平安朝時代。當時的貴族燒陶玩樂，而極願有人在其陶瓷的花器裡插花使其花器生輝。花道家亦盼能有陶瓷花器供其插花於上而使花卉弄姿。魚找水，水需魚，二者互求，相得益彰。

日送台捐

在四日晚上的慶功晚宴上，日方宣布將所攜帶前來供插花的二十件花器悉數捐給台北北區扶輪社。日本陶瓷文化交流協會的會員之慷慨實令人感動，然亦有人難掩其依依不捨之表情。社長黃輝雄當場表示謝意並接受之。至此日本陶瓷文化交流協會與清鳳花會之合辦，台北北區扶輪社與東京日本橋扶輪社之合作達到美的境界，春的和風掠人心。

事後，台北北區扶輪社在其例會上拍賣這些友情花器，並將得款全部捐給扶輪親恩基金，做為培養失親學子之教育費用。如是，日本陶瓷文化交流協會會員的花器化成愛而留存在台灣了。

日方若知台北北區扶輪社社員之此項義舉，必會有感贈送得有意義了。真是春風送暖。

做有意義的事會令人感到幸福。在執筆的現在，筆者已接到口頭的或來信的日方人士，表示願再來台北舉辦此類活動。使日方意欲再來舉辦的原因應有多項。

一是台北北區扶輪社的接辦能力強，資源多：如花卉提供者是社員，是花店店主；如翻譯人才全由社員夫婦擔任；如接洽場地則有社員祕書可擔當；如動員觀察則有社員會運用雜誌、傳真、請帖、廣播等媒體以招來；如行政工作則有努力、負責的幹事小姐們。

二是國賓大飯店的全力配合：如桌椅的充分供應，金色屏風之提供，３Ｍ掛鈎吊掛飾品的創意；又有小弟將飾品在吊掛時弄破而能迅速購買宣紙來表示歉意，此種負責任作為實令人感佩，並引來日方讚賞。

三是觀眾的川流不息來參觀且表現著濃厚的文化氣質：如在插花時則聚精會神而不語，如在賞花時則評頭論足以討教，令日方感動者是社友李炳桂夫婦之抱病光臨。

另外，則是日方二會會員個個的頂真態度。一到台北，就是選花材、擦花器、插鮮花，完全把台北的故宮博物院、一〇一世界級高樓，台灣美食等置之心外，全心放在「花在望春風來」的展演會。

總之，陶藝與花道之合演競妍在台灣是首次，筆者能參與其事實是一生之大幸。但願陶與花的展演能再度來。

——本文撰於二〇〇七年——

扶輪有人分，有人享

烏山頭水庫！嘉南大圳！凡是住在台灣的人應不會不知此二名詞。貯存在烏山頭水庫的水，不停地分配到嘉南大圳密布的嘉南平原。有關此一巨大的水利結構，據謝新發言，是超過萬里長城的。縱橫於嘉南平原的水路之長度是一萬六千公里，而萬里長城雖長，也不過二千七百公里。此一巨大的水利構造之名稱，在當時，在現在，都被稱為「嘉南大圳」，是水路的長城。

——司馬遼太郎《台灣紀行》

司馬遼太郎是日本著名的小說家，擅長於歷史小說。在其《台灣紀行》一書中如此描述了嘉南一帶的水庫、水渠、平原等。

烏山頭水庫是心臟，而嘉南大圳是血管，水庫的水經過大圳而灌溉了嘉南平原，使原本不毛之地變成稻田米倉，迄今仍嘉惠著台灣人。

烏山頭水庫與嘉大圳之水利工程於一九二〇年動工，而完成於一九三〇年。此一水利結構的工程費用據說是當時統治台灣的台灣總督府之年度預算之半。台灣總督府鑑於此工程經費茲事體大，乃送請日本國會審議。結果獲其通過。一個水庫與大圳的水利工程費用是一個統治政府之年度預算之半，可見當年統治者對經營台灣之決心。

讓台灣人受用不盡於半世紀以上的此一偉大工程的計畫者與執行者就是八田與一，其銅像目前放置於烏山頭水庫。

烏山頭水庫與嘉南大圳位置於台灣，雖由日本人八田與一規劃、監造，然受惠者卻是台灣的人民，且其歷史也有七十五年以上。

據駐日代表處許世楷代表之言：非常接近世界文化遺產之申請條件。

人人云台灣是美麗的寶島，然可惜的是無一處風景能列上世界自然遺產之林。

筆者在一九九四年擔任國際扶輪年會台北大會籌備會文宣推廣主委時，遍尋台灣地理風景挑出炫耀於世的自然遺產終不可得。

既然世界自然遺產不可得，則轉而尋找世界文化遺產似可為台灣爭光。

如今經許世楷代表之點醒，似可以烏山頭水庫與嘉南大圳來申請世界文化遺產。不幸的是台灣並非聯合國會員，不具資格申請之。實在令人扼腕，感嘆命歹。

俗語說：絕望中有希望，只要肯努力。

五月上旬日本扶輪界大老佐藤千壽夫婦與玉屋亮平先生同時來台，在台灣扶輪界大老林士珍前總監陪同下去了南投、嘉義、台南地帶。

佐藤前總監來台無數次，曾做了國際扶輪社長代表來監督三四六〇地區年會之舉行。而玉屋亮平前總監則是來台次數不多，卻在去年曾是國際扶輪社長代表來台指導三五二〇地區之地區年會。

佐藤千壽前總監已高齡九十，對林士珍前總監說：「此次可能是最後一次來台灣，但願對台灣能有幫助。」

能幫助什麼？只見他們三人下機就由筆者送去乘坐高鐵前往台中，再由林士珍前總監陪同直奔烏山頭水庫與嘉南大圳就可看出端倪了。

以日本為單位成立有日台國際扶輪親善會，從台灣為單位成立有台日國際扶輪親善會，就是民間的組織，然是以國對國的單位，與各社之結為姊妹社關係有所不同。

二國的扶輪親善意欲共同將烏山水庫與嘉南大圳推薦給聯合國教科文組織（UNESCO）做為世界文化遺產之候選。

為何需二國共同推薦？因為水庫與大圳在台灣，而其計畫與監造者是日本人。這一活動或可謂兩國扶輪史上空前之大作業。能成事否？實不知！只知謀事在人！佐藤千壽、土屋亮平、林士珍等三位前總監均是高齡長老，尚且如此為二國奔波而向過去與將來的歷史挑戰，其熱情、其誠意可不令人汗顏？

如果爭取烏山頭水庫與嘉南大圳能做為二國扶輪親善會爭取世界文化遺產的共同活動，則二國的第一次共同活動應是胎死腹中的「島岡達三陶瓷展」了。

去年（二〇〇七）二國各自成立了國際扶輪親善會，其第一項活動就是舉辦文化交流，日方提議在台灣辦理一場「島岡達三陶瓷展」。台灣人知島岡者稀，但島岡達三是日本人的「人間國寶」，其作品展覽於美國、法國、奧地利等地，收藏其作品的日本雅士不少，佐藤千壽前總監就有石洞美術館一樓層專門存放島岡作品。

日方之提議台方欣然接受，認為親善會要辦理的活動，不應與各社所辦者重複（服務與聯誼交流）而應是國家級的交流，如陶藝、繪畫、攝影、舞蹈、音樂、書法、茶藝等文化內涵較高之活動。

台日國際扶輪親善會之理事會在去夏決議要求筆者擔任推廣小組之工作，而在日方則由土屋亮平出任，二人曾在三五二〇地區年會上合作過，如今又要為二國親善交流事——島岡達三陶瓷展而合力了。

兩人書信往來至為頻繁，土屋前總監來信不外是島岡作品之種種，筆者去信則在日期、地點、布置、通關、運輸、倉儲、保全等。

為確定何種作品、大小、色彩、形狀、功能等能受此地人的喜愛欣賞，於是去年十一月下旬赴日去選定。

在佐藤前總監夫婦、土屋前總監夫婦率領下筆者夫婦就隨同由東京前往車程約三小時半的島岡達三陶窯所在地——真岡市、益子市。一路顛簸，內人強忍腰痛而走完全程。

真岡市有佐藤千壽前總監的半導體工廠與感應器零件工廠，更有一棟獨立的六角形大樓，此棟大樓內有其石洞美術館，專門收藏島岡達三人間國寶的陶藝品。離真岡市一小時遠的益子市則是有島岡達三的住家與其工作房及陶窯。

島岡達三的作品是實用勝於裝飾，是樸素強過華美，是故碗、杯、壺、碟多過瓶、盤。小件作品給人有粗而雅的感動，大件作品則令人感壯而麗的吸引。能在真岡市與益子市親眼目睹並把玩島岡大師之近百件藝術作品實感三生有幸！內人也忘了其腰痛之苦。

從這些近百件作品中要挑出六十件作品讓台灣的扶輪人、社會人欣賞實非易事，好在這種難事落在玉屋前總監身上，真要感謝他的辛苦。

展覽會要掀起熱鬧，重點在於展覽作品與觀覽大眾。展覽作品是島岡達三的精心傑作，應能獲得台灣的觀眾之喜愛，而如何告知台灣大眾有如此日本人間國寶的藝術作品，則該是台灣的扶輪人之任務。

在奉台日國際扶輪理事會之指令後，於前往日本參觀真岡市、益子市島岡達三之作品前，已組成籌備委員會，下設展品組、展場組、展推組及展務組。

展品組負責展覽作品之運送，由台北北區扶輪社副社長蕭榮培擔任；展場組由北投社蕭昌貴前社長擔任，其任務是展覽會場之布置、安全等；展推組的工作是掌管展覽的推廣，拉人來場，其擔任者是東門社林華明前社長；而展務組則是處理會務行政，支援展覽業務，勞煩了中山社李博信前社長。

如此人事與組織共為二國文化交流不斷聚會共商要事，籌備會每星期一中午在台北北區扶輪社以便當方式進行籌備工作。

籌備會議連續舉行了十餘次，與會人員除了上述四位外尚有台日國際扶輪親善會祕書長許邦福、副祕書長陳思乾、米開蘭公司吳錦江董事長、聯廣公司江乃靜小姐。

舉行了十多次籌備會已接近開花，最後卻未能讓花盛開，徒留感嘆！這是有其二個原因的，均非籌備委會所能控制。

人間國寶島岡達三突於去年（二〇〇七）十二月三日去世。此日正是日本東京松屋百貨店舉辦其作品展之首日，筆者適在現場，聞之至感茫然。離台北之展不過是四個月。雖然心痛至極，也覺人生難得有緣逢此由喜轉悲之情事，乃由內人為紀念大師、為紀念展覽而選購了花瓶一個。佐藤前總監與土屋前總監逢此巨變仍主張一切照計畫進行。雖然人間國寶不能親自前往台灣定會使展覽失色不少，不過其生前作品仍燦爛生輝，毫不減色。

籌備會的工作進度照常推動，可如期在四月份開幕，能使台灣的扶輪人、社會人一飽眼福。

然而，台日國際扶輪親善會正在申請設立許可，而進度因幾位申請人之資料繳交有耽誤，致使主管單位在受理上頗有微詞。籌備委員會雖想出各種變通辦法來解決此困難，然均因「名不順則言不正」而無法在展覽場借用上、作品通關上、捐款收據上獲得正正當當的待遇。台日國際扶輪親善會遂在林士珍理事長召開下舉行臨時會。筆者在會上報告籌備工作進度順利，日本有誠意舉辦，然因正式名稱未取有，致前進不得。理事會從各種角度加上討論後最後決定依法來辦理，遂有島岡達三陶藝展暫停舉行之痛苦決定。

佐藤千壽、土屋亮平二位前總監聞台灣之決定後皆表同意。二位日方扶輪大老此次來台，也設宴招待台方人員表示歉意，真是誠意讓人感動。

台日扶輪親善會與常務理事們合影留念。（前排左三為第三屆理事長賴崇賢）

停辦人間國寶島岡達三陶藝展，實際如上述日方有一因，而台方亦有一因，此二因一關人命，一涉行政，均非在吾人能控管範圍內。只是佐藤、土屋二老對停辦一事耿耿於懷，實令人愧疚萬分。

總之，佐藤前總監夫婦、土屋前總監二位這次來台一方面是為將來事——烏山頭水庫與嘉南大圳之世界文化遺產事，一方面為過去事——島岡達三陶藝之台北展未成事。

今年度之扶輪口號是「扶輪分享」，佐藤、土屋二位日本扶輪大老真的是將真情、誠意、經驗、思考分給了台灣，讓台灣有所享受。扶輪人貴在能分，好在能享。

——本文撰於二〇〇八年——

櫻花水庫永結同心

「非常感謝台灣的巨額義援金！吾等日本人感謝在心！」未等迎接者啟口表示歡迎之意，土屋亮平前地區總監已鞠躬敬禮了！

時地是在六月十六日中午時分的神旺大飯店潮品集餐廳。土屋亮平是國際扶輪二七九〇地區的前總監，此次率七對夫妻十四人團來台，為的是親善訪問外尚有二個目的：其一是要到烏山頭水庫觀察其所認養的一百五十棵櫻樹種植情況；其二是團員均為該地區本年度地區職業服務委員會成員，在年度即將結束前（六月底）慰勞成員。

接風洗塵宴設在潮品集餐廳，宴會開始前主人先致詞歡迎櫻花親善團的來台，並回謝日本人在台灣發生九二一震災、八八風災時的第一時間就趕來的救難支援與捐屋義援，令台灣人沒齒難忘。

台日兩國如此相互支援、禮尚往來，實基於人民的親善。二國的官官不相往來，唯有賴民民互相交往。

十七日下午該日本櫻花親善團訪問了李前總統登輝。李前總統為彼等簡要說明了台灣四百年來的異族統治，解說日本人的五十年「植物栽培」的統治，並回答團長土屋亮平的提問：「今後台日兩國該如何緊密關係？」

李前總統回答：「強化民間交流至關緊要，願扶輪人更積極往來，以保持親善。」

雖是冠冕堂皇之言，然亦是切中要害之詞。

台灣與日本各設有國際扶輪親善會之組織，其旨在推動兩國國民之親善關係，其具體表現是兩會輪流舉辦年度親善會議與活動。親善會議曾在日本、台灣各舉行一次，親善活動曾在台灣舉行過繞潭馬拉松（日月潭），並有功敗垂成的島岡達三陶展。島岡達三是日本人間國寶，台灣親善會意欲將其引進台灣展覽，籌備工作一切進行順利，如赴日選定展覽品、在台選定展覽地等等，惜因島岡達三人間國寶在會前腦中風不幸逝世，致使陶展功虧一簣，至感遺憾深深。

今年六月本預定兩會在日本京都舉行親善會，惜因日本東北發生地震、海嘯、核爆等三災，遂決定延後舉辦。只是日本社會目前蔓延著「自肅」氣氛，使購物消費、外出旅遊等形成停滯不前，實不知復期在何日！

此次櫻花親善團能脫出日本的「自肅」氣氛而來台灣，實係今年三一一前的約定履行，信守承諾應是其親善基本，令台灣扶輪人感佩不止。

十八日上午櫻花親善團移動至台南烏山頭，日本團員集體站立在八田與一夫妻墳墓與銅像前合雙手行敬禮。彼等虔誠態度實令人感動。八田與一雖是日本人，但其功在台灣，卻能令其後輩日本扶輪人種植櫻花來思念，並美化墓園，應是扶輪人超我服務之表現。

八田與一致力於烏山頭水庫之建造與嘉南大圳之水渠，先後凡十年，使雲林、嘉義、台南之三縣市獲得水利之灌溉而脫離不毛之地，進而一躍成為台灣穀倉。此係烏山頭水庫引用流域面積達五百六十一平方公里，佔台灣全島面積三萬六千平方公里之百分之一點五五，何況將此面積變成農耕地而年有稻米、甘蔗、番薯之收成。

八田與一之銅像採坐姿，眼望烏山頭水庫，右手摸額頭，狀似在前瞻目標、思考計畫。敬禮之餘，使人心生感嘆：自己的人生目標在何方？人生價值有幾許？

八田與一的銅像靜坐在夫妻墳墓前，但自從一九三一年裝置以來並不安穩。原因是有二次政治災難臨「像」：一是第二次世界大戰時日本政府在台灣，強迫人民捐出金屬製品；另一是當時政府在台灣實施的仇日以策，當地居民機警地將銅像搬離原地藏存，直至一九八一年始恢復裝置在夫妻墳墓前。前後有五十年的避難，這全是當地居民思念偉人之敬意行為，彼等表現了歷史貴在事實的原則。

台灣居民尊敬八田與一，而藏存銅像使其倖免於政治災難。八田與一在建造工程後豎立工人殉難碑，也不分日本人或台灣人一律刻其名在紀念碑上，充分表現八田與一不分種族、階級一律平等的偉大胸襟。

八田與一在一九四二年五月大戰中搭船赴菲律賓時，船隻為美軍潛水艇所擊沉遇難，其妻則在日本戰敗後的一九四五年九月遣回日本人舉動中，投身於水庫放水口自殺。夫人留遺書給其八名子女，言願葬在台灣。一九四六年當地農民將兩人合葬在烏山頭小丘山。獻身於台灣，共墓於水庫。

土屋亮平認養種在其墓園四周的一百五十棵櫻樹。而松戶市扶輪社社長伊原清良則把家寶的二個石雕燈籠從其日本自宅搬至台灣墓園而裝置在入口。彼等二位與八田與一非親非故，而如此美化八田墓園實是感佩八田與一之偉大，感激台灣之善良，且感動台日之親善。彼等之善行，實是超越自我，超越國界，超越種族，足為國際扶輪之指標。

在土屋扶輪人團以櫻花種樹表示親善之時，台方接待者亦從赤心表達親善之意。如在神旺大飯店宴請日方時主人自購季節性水果荔枝讓日方品嚐，使彼等享受到在台灣方有之珍果。而在國賓大飯店由蔡焜燦理事長做主人時，則披露由台灣歌壇詠出的日文短歌；該百首短歌以日文表達了台灣歌人對東日本大震災之冥福與祝福。在座日本扶輪人聞後均感佩台灣歌壇之日文造詣與親和善心。當夜菜單更別具一格，顯現主人蔡焜燦先生之用心，如母親魚翅、台灣醉蝦、澎湖絲瓜、台灣意麵、台北烤鴨等。透過宴請菜餚突出台灣本土美食文化，期使客人感受深刻。在台南時，曾接待日方至冰菓店，在騎樓下與台灣人擠著喝生鮮的芒果汁，日方扶輪人讚美不止。

喝完芒果汁前往赤崁樓。日方扶輪人經過解說後始知台灣曾在十六世紀時被荷蘭、西班牙統治過，並有憐台灣之地理位置坎坷，常被利用為野心者之跳板，如售軍火、反攻、南進等等或避難。當其參觀法鼓山時，經過留日導覽之解說，人人感佩聖嚴法師逃難來台，而以一個僧人之決心締造了法鼓佛園。對聖嚴法師之觀念理想，彼等應不會陌生；因為在三一一過後不久，土屋團長應曾收到台灣郵寄過去的多量口罩與小冊《一〇一自在語》。

國際扶輪二七九〇地區的扶輪人來台灣贈送櫻花樹苗，接受了在台灣的扶輪人之溫馨接待，洗淨了一年職業服務之疲勞，帶著「打造社區，連結世界」的年度主題之成果滿心歡喜地回去了，留著櫻花樹在烏山頭水庫日久陪伴著八田與一夫婦。那些八田墓園周圍的櫻花將會久久象徵著台灣與日本的扶輪之彼此相好、互相救助之親善而將日台雙方扶輪人、一般人之心連結永固。

——本文撰於二〇一一年——

敬於業，樂於群

——扶輪人貴在於其紮實的職業基礎上推動扶輪服務

一個組織要維持百年而歷久不衰且蒸蒸日上，確實是不容易，何況它不是血緣的家庭，也非錢緣的公司。國際扶輪是一個社團，是因志緣而成立的組織，其志在於透過社員友誼來服務人群。

百年前的二月二十三日，年輕律師保羅・哈里斯（Paul P. Harris）與三位各自不同行業的人士成立第一個扶輪社於美國芝加哥。如今，友誼來服務的理念遍布世界。

為維持組織內部的和諧，四位成員均是異業以避免同行相爭而影響社員友誼。為表造福社會服務人群之志業，首在捐獻建造芝加哥車站的公共廁所。由一而二，而十，扶輪社因其志業引起眾人之響應，年年擴增其組織單位，且遍及地球各角落。

扶輪社之志業在於四大服務：其一是社務服務（針對己社社員服務），其二為職業服務（針對所事職業服務），其三是社會服務（針對所屬社會服務），其四為國際服務（針對所處國際服務）（現在更多了教育下一代的「新世代服務」）。

在從事此四項服務時，扶輪人能秉持「服務越多，獲益越大」，與「超我服務」之理念態度。

由世界百萬以上志同道合人士組成的國際扶輪，在這百年來推動了無以數計的多項四大服務：如為促進友誼而年年舉辦的國際扶輪年會，如為提升人道而推動的二〇〇五年撲滅小兒痲痺症活動，如為促進國際瞭解而獎勵的大使獎學金活動，如為達成最終理念目標而舉辦的世界和平獎學計畫。

而社員有一萬六千的台灣扶輪人，則曾主辦了一九九四年的國際扶輪年會台北大會——「乾杯在台北」，聚集了三萬多國際扶輪人。由社員捐獻成立的中華扶輪教育獎學金，鼓勵著台灣的碩士、博士修學學子，近幾年來又將愛心擴及至來台灣留學的外籍學生。除此之外，七個地區的扶輪人也在其服務地區有著服務人群的輝煌紀錄。

扶輪的四大服務乃基於扶輪人的職業，無職業者無緣成為扶輪人，能成為扶輪人的人必是該行業的精英。因此，扶輪服務貴在扶輪人於其紮實的職業上推動扶輪服務。

年初去世的辜振甫先生原是扶輪人的典範，他在其紮實的職業基礎（台灣水泥公司）上，推動了無數的扶輪服務內涵，如以工商協進會理事長推動了職業的可貴，如以和信癌症醫院嘉惠了社會大眾，如以海基會董事長從事台海兩岸安定工作。其生前之所作所為在在包羅了扶輪的四大服務項目，而其態度則是「超我服務」的奉獻。辜振甫先生敬於業，茁壯了台灣水泥公司，創辦了中國信託公司；也樂為群，主持了工商協進會，創建和信醫院。

這種敬於業、樂為群應是扶輪人的服務理念與行動指南。茲舉幾位熟悉的日本扶輪人之敬於業、樂為群的表現。

吉田秀雄

世界著名的廣告公司電通之大功臣，奠下世界最大廣告公司的基礎；是台灣的廣告事業之催生者，是東京社的扶輪人。

在其社長任內，制定「鬼才工作十則」，要求電通員工工作為重，職業優先。協商廣告業界制定「廣告交易利潤基準」，將弊害多端的交易利潤一律限定在百分之十五的基準。創設ＡＢＣ協會（報紙／雜誌發行公查單位），使傳媒界接受第三者機構之公開、公正、公平之稽核，以確實的報紙、雜誌發行份數來訂定廣告版面交易價格，取代以往各媒體自我號稱份數與漫天叫價之廣告金額。創辦廣告電通賞，提升廣告作品之素質，並嘉獎廣告廠商之對廣告主題、表現的決策。創立ＶＲ公司（廣播、電視之視聽率調查）以實際數據來瞭解節目、廣告之傳播效果，方便廣電廣告之公平交易。

吉田秀雄透過本身職業意識為廣告業建立了職業的可貴與尊嚴。

末永直行

日本九州一帶車站的驛便（飯盒）製造供應的壽軒公司社長，是末永文化中心的建造者，是日本扶輪米山獎學金委員會的前任理事長。

其所製造販售的驛便，以味美價廉著稱，難怪能霸佔市場，而其理念是民以食為天，在在以敬天之謙誠心態來製售驛便，在日本創造驛便文化。

其所建造之末永文化，則含有三部分：一為展覽館，一為音樂廳，一為演劇場。展覽館蒐集了日本著名畫家失落在國外的作品，音樂廳則開放給九州大學交響樂團練習或演奏之用，演劇場則供給社團或電視台之戲劇演出或錄影之用，時時與民同樂。

其主持多年之扶輪米山獎學金則嘉惠外國留日學子甚多，台灣的留日學生受其惠者甚眾，據聞不下千人，而其佼佼者有前國科會副主委謝克昌、台灣養蝦之父廖一久、統一超商總經理徐重仁等等不勝枚舉。

也因如此重要，台灣的扶輪社在地區設立米山獎學生委會，並創設由米山獎學生所組成的三四八〇地區東海扶輪社，由徐重仁先生擔任創社社長。

二〇〇〇年筆者奉命擔任三五二〇地區米山獎學生委會主委時，曾本著先祖之遺訓——「拿人一斤，還人四兩」，募集百萬日幣捐給日本扶輪米山獎學金委員會，算是感謝其培養台灣學子之恩情。末永直行理事長答稱：「米山獎學生國籍多達四十多個，未見有該國扶輪社之如此報恩行為，台灣的義理人情畢竟濃厚。」

末永直行透過本身職業盈餘為社會、為國際推展了社會和諧、國際瞭解。

小倉昌男

日本大和運輸公司的社長，是宅急便業務的創辦人，是大和福利基金會的創設人。小倉昌男繼承其父志，經營運輸業，接受託運，將貨物運送於天南地北。

然貨運市場已達飽和，加以競爭激烈，形成貨運件數越多而獲利越少之困境，日夜思考如何加以改善。

某日其妻交代欲送衣服給在外地度假的兒子，而要求公司運送衣物，卻因貨物太小而不成，小倉為此沉痛在心。

宅急便之業務乃由上述之外因與內因而產生。業務之特色在於貨物可以尺寸計價，且快速又方便地運送至宅第。這是運輸業的創舉，確是與郵政業務有牴觸。小倉與國家行政單位展開了多年的小包貨運的論戰，終以便民之理而獲勝。從此，宅急便業務蒸蒸日上，領導運輸業，而母貓銜小貓則在街頭巷尾到處跑動。

小倉從運輸業退休後創辦大和福利基金會，其創設基金會之目的在為社會上的身心障礙者討公平與求生存。

小倉捐獻其所持有的大和運輸公司的股票，以其股利做為活動經費之來源。國家法有規定，日本企業需以百分比方式僱用身心障礙者為員工。有的企業照規僱用之，有的則取巧逃避之，即使僱用身心障礙者，其月薪也只有健常者的十分之一。

小倉俠義滿心，要為身心障礙者爭口氣。但認為與其給救濟金，不如教以謀生技法。乃由基金會展開全國性的研討會，教導麵包之製造方法、開店之管理技巧。

並對意欲當家做主的身心障礙者融資，協助其成立「天鵝麵包店」；而其經營管理，則由健常者與障礙者各居半以互相支持、照顧。銀座二丁目街頭就有一家天鵝麵包咖啡店，日夜坐無虛席。

小倉昌男透過本身職業的經營管理為運輸業創辦新興業務，又對社會提供身心障礙者的有用價值。在職對企業有貢獻，退休後對社會也有貢獻。總之，其一生對國人均有貢獻，其人生價值有味，值得效法。

佐藤千壽

日本千住金屬公司的創設者，是日本東部的地區總監，也是國際扶輪總社的前任理事。

其千住金屬公司的產品是火災感應器中的小零件，佔世界市場約三成。發行份數超過八百萬份的《朝日新聞》曾對此有連續兩天的專題報導。

千住金屬公司的工廠有兩棟，一棟是火災感應器零件的製造所在，一棟則是國家美術館，收藏有日本價值連城的字畫。佐藤之保存日本傳統文化實令人佩服。

佐藤千壽除經營事業享有盛譽外，又對扶輪哲學之宣揚具有聲望。其著作有《泥中之蓮》、《知行合一》、《被選上的人》等。

《泥中之蓮》闡釋的是二〇〇二年度國際扶輪總社社長彼猜・拉達庫。該總社社長是華裔泰國人，佐藤的闡釋就從佛教慈悲切入，而佐以儒家仁愛，然其主軸是在論述扶輪的服務理論。

《知行合一》宣揚的是二〇〇三年度國際扶輪總社社長馬奇・約伯的年度口號──「伸出援手」。因為馬奇・約伯總社社長是留學英國的奈及利亞人，佐藤的宣提就從實踐倫理切入，而輔以非洲現況，其中心思想在於扶輪服務貴在既知又能行，且強調人助自助者的行動表現。

《被選上的人》寫的是佐藤千壽會見李登輝前總統後的心得感想。從武士道思想切入，而論及武士道思想是由神道、佛教、儒家之三合一產品；而具有惠、智、仁、信、勇、慈等修養之政治家在日本已難覓少見，佐藤卻發現這種可貴之氣質存在於李前總統之言行上。

佐藤千壽致力於事業之國際市場發展，又以思想著述來弘揚扶輪哲理給扶輪人，給社會大眾。

以上是四大服務於社務上、職業上、社會上、國際上，實令人感佩與學習。

令人效法者在於：

一、思想深入其心

二、行動活躍在身

三、敬於業，樂為群

但願百萬以上的扶輪人其所知所能、其所做所為均能令人感佩，則百萬人就會成為人類幸福、世界和平的種子。也願非扶輪人的每位人士均能成為幸福的種苗，和平的幼樹。

扶輪運動能經百年而仍蒸蒸日上，實有如上述幾位有心扶輪人能將扶輪理念運用在本身職業上，或發揮職業所得而去弘揚扶輪理念。

——本文撰於二〇〇五年——

日本扶輪米山獎學金會長末永直行（前排左一）來台訪問。後排左一為社友謝克昌博士，右一為前社長劉啓清會計師。來台期間曾陪同晉見時任總統李登輝。

四兩報恩

——激起善的漣漪

「台灣扶輪人『四兩報恩』的美德，使我們日本扶輪人感動不已。」土屋亮平國際扶輪社長代表，在四月一日的國際扶輪三五二〇地區年會上講了兩次上述話語，一次在「國際扶輪現況報告」上，一次在「年會講評」上。

四兩報恩的故事，發生在二〇〇〇年。日本有個扶輪米山獎學金，是日本扶輪人為紀念在日本創設扶輪社的米山梅吉的功勞而設立，其宗旨是向世界宣揚戰敗後之「和平的日本」，針對赴日留學生提供監護與發給獎學金，期使外國學生在留日期間得獲扶輪人、扶輪社的照護，又得獎學金而能免於生活困頓、學業中斷之窘境。

第二次世界大戰結束後，台灣留學生赴外者美國為大宗，然赴日者亦不在少數。這些赴日留學生在日求學期間，大多獲取扶輪米山獎學金。日本的扶輪米山獎學金自一九六七年設立基金會後，已發出十二億五千萬日圓（約新台幣三億四千萬元），更幫助了來自一百零六國的一萬三千三百二十二名留學生（資料來源：《二〇〇五年度事業報告書》，財團法人扶輪米山紀念獎學會出版）。台灣的得獎生累計已超過三千人，約佔其四分之一。

當一九九九年國際扶輪三五二〇地區總監邵偉靈就任後，就組成地區米山得獎生委員會，目的在照顧回台灣的米山得獎生，促進日本扶輪米山獎學金得獎生與台灣中華扶輪教育獎學金得獎生的交流，以及推廣扶輪米山獎學金等。

土屋亮平國際扶輪社長代表在講話中說：「當年一群台灣扶輪人攜款至東京，在扶輪米山獎學會理事會上捐了龐大金額，使當時的理事長末永直行感動迄今，而率團者是今日在座的賴東明前社長。雖然賴東明前社長曾要求我不要發表其姓名，只說出事蹟即可，然本人還是要說出其姓名，以昭公信。」

當年接獲總監邵偉靈指令，出任地區米山得獎生委員會主委後，就研究該如何推廣服務。就在思考中，閃出先祖父在生時常告誡的話：「喫人一斤，要還人四兩。」小時候，台灣尚處農業社會，農民貧窮常要接受救濟，而受恩無法全數報答，只能以有心意的部分回報以謝恩。

台灣留日的米山得獎生，是否有過謝恩、報恩？如未有，是否可以代其謝恩、報恩？台灣的米山得獎生有三千餘人，其受惠金額可說是無以計數。如無法全數報答，也該有心意的表示。

台灣的米山得獎生為數眾多，均受惠於日本扶輪人，做為其台灣父兄前輩者豈可無動於衷？台灣的米山得獎生有三千餘人吃了日本扶輪人的一斤，其可當父兄前輩的台灣扶輪人怎可裝傻不知？至少答謝其恩以四兩也可以吧。

先祖父的告誡，在腦海中盤旋甚久，於是在召開第一次委員會時，就提議以四兩來還報恩情的構想，希望募集百萬日圓（約新台幣二十七萬元）捐獻。此議一出，委員之一的神旺大飯店董事長蔡衍榮首先贊同，表示「不必向外募款，委員每人捐十萬日圓就可」。於是徵求出席委員九人之意見，咸表贊成。而由主委捐兩人份，湊足百萬日圓。百萬日圓之數額或許微不足道，然亦可聊表四兩之謝情。

於是組團前往東京，在強雨中抵達財團法人扶輪米山獎學會理事會開會場所，把百萬圓捐給該會後，其理事長末永直行說：「太令人感動了。扶輪米山獎學會幫助過百餘國的來日留學生，三十多年來，未見有該國父兄捐款給本會之事。台灣是有史以來的首次，實在難得，真使人感動。台灣人真是有情有義。」

台北市北區扶輪社成立扶輪親恩教育基金已近三十年，針對品學兼優而家境貧窮且是失親（雙親或單親）的大專學生給予學費的補助。近三十年來，應已獎助近千人。台北北區扶輪社每在發放獎學金時，總會告訴或勉勵得獎生，有朝一日自己的情況行有餘力時，就要去幫助不如己的人。

在近千名得獎生中，就有一位女得獎生是在感恩之餘而有報恩行為。二十多年前，這位女生得過扶輪親恩教育獎學金完成其專科教育，十年後留學有成而歸國就業。當其領到人生第一筆薪水時，就撥出部分，捐給扶輪親恩教育基金。她受施不忘，而「四兩報恩」。

如果扶輪米山獎學金的得獎生，或扶輪親恩教育基金的得獎生，能在日後行有餘力時以「四兩報恩」的心情來回饋，拿出部分所得一次或多次捐款給原基金會，則扶輪米山獎學金也好，扶輪親恩教育基金也好，其可支配動用的金額將會巨額增加，而加惠更多需要者的情形更會日日增加。同時「四兩報恩」的美德會感動人心，引起善的漣漪或循環。

扶輪的獎學金不再只是扶輪人在捐款，而是得獎生也在捐款，如此形成布施人與受施人共同行善的基金，豈不美哉！

四兩報恩，不是貴在其金額，而是美在其心態。

土屋亮平國際扶輪社長代表所提及且讚佩的「四兩報恩」之真實故事如上，其實土屋亮平先生本身也在日本持續進行「四兩報恩」的情事。

土屋亮平先生在東京幕張經營「曼哈頓」（The Manhattan）飯店，方便到幕張參展的外國旅客投宿。幕張是海埔新生地，除大型展覽館外，無其他設施可供當地居民娛樂休閒。在無場所可去的狀況下，曼哈坦大飯店的餐廳，即成為當地居民喝咖啡、吃飯、聚會、宴會的最佳去處，客人通常是夫妻或全家。

土屋亮平先生有感當地居民雖不投宿，卻對其餐廳營收稍有貢獻，乃亟思回報。思考再三後，發現幕張是個文化不毛之地，乃積極推動兩項文化活動。

一、將其購買的收藏品安置於飯店內，遂使該飯店變成當地居民可免費參訪的美術館。

二、將大廳當成音樂廳，每月邀請著名音樂家表演，每次免費招待當地居民兩百人來共度美妙夜晚。此一免費音樂會深獲缺少文化活動之當地居民的歡迎，因此持續舉行多年不輟。

土屋亮平先生也在「四兩報恩」。他在回報當地居民惠顧大飯店之恩，難得的是，他的報恩不止一次，而是經年累月，持續不停。這種持續不停的報恩行為另有一例。

台灣英文雜誌社創設已近六十年，該社自二次大戰結束後就代理進口英文雜誌與日文雜誌來台灣，雖經過白色恐怖年代的威脅，依然悍拒警備總司命部干涉言論自由的舉措，而持續迄今。其所代理的英文雜誌有《時代週刊》、《生活雜誌》、《讀者文摘》等是堅持言論自由的，其所代理的日文雜誌有《裝苑月刊》、《製衣月刊》等較屬於生活時尚者。

該台灣英文雜誌社董事長陳嘉男，曾任中華民國直銷協會理事長、中華民國國際行銷傳播經理人協會理事長，現擔任法鼓山護法會會長，對實務界、公益界貢獻良多。

某年，《讀者文摘》的美籍人士告知他，有個國際性的直銷公司，正在物色台灣的投資者，建議陳董事長不妨考慮。陳董事長因本身公司有書本直銷經驗，經過思考後加入投資。創業起頭難，業務未有起色，股利未能進帳，然公司堅持幾年後轉趨良好而有股利分配。陳嘉男董事長因此思及能投資獲利，實是因該《讀者文摘》退休之美籍人士的推薦，乃從股利中撥部分利潤答謝之，誠可謂「四兩報恩」。能知恩而報恩已屬難能可貴，而陳董事長卻在年年獲利中撥款答謝且持續不已，實令人佩服不止。

持續不斷表達謝恩者，應屬商業上的逢年過節送禮，但它是以利為前提。實際上送禮乃在報恩，然商業上之報恩，卻有流於形式之譏。此商業報恩不在本文談述之內。

施恩不必念，應是修養，是美德，但受恩不可忘，卻是做人基本。而受恩則應報恩，即使表示小誠意亦屬應該，四兩情意即可。不報恩者，就是不會感恩的無情動物，而忘恩者應是冷血動物。

受恩而未能即時報恩，實情有可原。而遲遲才報恩者，更會使施主驚喜萬分。二〇〇一年元月，受邀參加電通賀年酒會，在會場中，突然有多年未見的齊藤充先生求見。云其由電通公司派遣至財團法人吉田秀雄紀念事業基金，負責公益業務，有事請教，問可否一起晚餐。多年不見的老友怎能拒之千里外？答曰：「善，喝兩杯。」

四個人圍著一桌點了炸品套餐，我夫妻倆，他則帶來其上司藤谷明常務理事。久逢後的一杯總是甘美，齊藤充乾了第一杯後，就站起來說：「今天是來謝恩與謝罪的。」這個動作很突然，令人錯愕不已，連忙問道：「有何恩可謝？有何罪需謝？」

齊藤充則繼續說：「一九七〇年代，電通派我駐台的五年期間，時常受到你的關照，不辱使命得以完成歸國，尤其是廣告電通賞能引進台灣，且持續公開放映十多年，實是你的建言與推動，此恩難謝。何況，當初你為使廣告電通賞早日實現，還自掏腰包買了機票交給我，此款未還，實有罪應謝。」

三十年前的往事，記憶已不鮮明，只覺興奮不已，單單一張機票，即引進了廣告電通賞的廣告作品讓台灣廣告人得有機會觀摩十多年，那張機票很有福氣。

連忙告訴齊藤：「別將此事放在心上，何況台灣廣告人已獲益良多，受惠良久。」乃將話題轉開，問：「何事能效勞？」藤谷常務理事則接腔說：「今年是電通第四任社長吉田秀雄之百歲冥誕，本紀念事業財團想針對友好國家，展開一項三年計畫，內容是邀請在大學任教的行銷、廣告或傳播老師，來日本做研究工作，研究題目由老師自訂，為期一年，其來日與在日之交通、食宿、研究等費用，全由吉田秀雄財團負擔。至於台灣老師人選，想委託賴先生推薦。」齊藤在旁說：「如此事能成為謝恩與謝罪的代替，則我心中將無罣礙矣。」說得那麼沉重又虔誠。

藤谷常務理事的計畫，讓我瞬時感受這將是台灣教授們之福氣，答應說：「這是我個人的光榮。但此事需慎重、公開來進行。願推薦我參與的機構來辦理推薦工作。中華民國國際行銷傳播經理人協會是個社團，社員有企業廠商、廣告公司、傳媒界等，專門研究行銷、傳播之個案實例，且與國際十五個都市接軌，公正性絕對夠。所以與其由個人推薦，不如由機構推動。」

藤谷聽我說明後，伸手來握住我手，直說：「就這麼辦，有你在，我們放心。」齊藤也笑容滿面地說：「太好了，謝謝賴先生的大度量，我心事已清。」

就如此在三年計畫展延成五年計畫後，台灣有八位大學教授，獲得上述財團法人吉田秀雄紀念事業財團之獎助，到日本做有關行銷、傳播、廣告等之學術研究。該八位是翁秀琪（政大）、林東泰（師大）、林正杰（政大）、吳翠珍（政大）、凌鴻碧（興大）、黃振家（淡大）、簡思儀（長榮）、王楹勛（淡大）等，一張機票換來了如此大價值的回報，該機票已是價值連城了。先是廣告電通賞來台提升台灣廣告人的廣告水準，三十年後再是促成吉田秀雄研究獎助的八位台灣教授赴日專題鑽研，機票費是否還給原主，已非重點了。

一張機票使齊藤充耿耿於懷三十年，實令人感動不已，陳嘉男董事長也屬此令人感動之人，土屋亮平也是具有此「四兩報恩」美德的人。願社會上有更多的人能受恩不忘，而欲「四兩報恩」。如此，相信此社會將會恩情滿布。

——本文撰於二〇〇七年——

超我服務
——自認幸而有福，願將此福與人分享

國際扶輪社在創設百週年之際，呼籲全球社員一年一百美金的捐款廣告，部分捐獻將助迦納地區挖水井

一年捐百元美金能讓一百六十五個國家的人民改善其生活，如有乾淨的水可使用，如有校舍可讀書，如有麵包可充飢，如有衣服可蔽體等。

在走向全球化的今天，天底下仍有許許多多不幸福的人散落在地球各角落。有鑑於此，國際扶輪社乃在創設百週年之際，呼籲全球一百二十萬社員來個「一位社員一年百元美金」的捐獻，使比自已不幸的人能改善其生活。

廣告的圖案告訴扶輪社員迦納需要水井，一百美金的扶輪捐獻將會有部分用於

挖井。無衛生的水可喝，無乾淨的水可用，會要命的。

國際扶輪社的「一位社員一年百元」活動係向扶輪社員募款，以統籌辦理國際服務的、世界和平的善事。然除此之外，在兩國間的配對活動亦時有所聞。

台北北區扶輪社常常是為善而不欲人知。其與菲律賓馬尼拉地區的扶輪社就曾有多次的配對服務活動以挖掘新井，解決當地的無水可喝的困境。台北北區扶輪社也曾與泰國曼谷地區的吞府扶輪社舉辦多年捐贈輪椅給不幸殘障人士的配對活動，此一捐贈輪椅的扶輪服務活動，屢獲「曹仲植基金會」的支援。眾所周知曹仲植先生是知名的善士，以捐贈輪椅給行動不便的人而慈名遠播。

曹仲植先生是台北北區扶輪社的社員之一，二十多年前擔任社會服務委員會主委時，曾提議捐獻二部電話給馬偕醫院的自殺防制中心，以拯救有自殺意圖而求救無門的不幸人。而當時在馬階醫院主持業務的人也是台北北區扶輪社的社員——張錦文先生。昔日的兩部電話形成今日的生命線協會。

曹仲植先生除捐贈輪椅給不幸的人士以外，也是台北北區扶輪社的親恩教育基金的巨額捐獻人。親恩教育基金是台北北區扶輪社的社會服務項目之一。

三十年前社友楊昌烈先生鑑於台灣經濟雖已進入成長期，然社會上仍有許多學生雖有上進之心卻苦無上學之資，尤其是那些雙親雙亡的不幸學子們，乃倡導設立教育基金，以捐助這些雙親雙亡的大專學生。為使基金獲獎學生思念在天之雙親，及為使基金捐獻人思念今日之幸得自雙親，乃命名為「親恩教育基金」。

台北北區扶輪社社友每當其雙親有壽誕或歸天，社友每當自己的生日或結婚週年，或新創公司或獲得新位等，社友每當子女結婚或升級當阿公等，均會感恩雙親之賜與和思念學子之不幸而有捐獻。因此，此親恩教育基金在二〇〇三年已集有二千萬元的基金。要募集二千萬元為基金乃是來自於二〇〇一年當年社長陳俊鋒先生的善念，幸而其善念在三年內成為善舉，嘉惠了更多的大專不幸學子，親恩獎學金成為他們求學的明燈。

台北北區扶輪社的孝子比比皆是。其中之一的林進財先生在父親歸西後感念父親之恩，乃捐獻了百萬元委託扶輪社向社會公開徵求「讚頌父恩歌曲」。這些讚頌父恩歌曲在電視台與廣播電台每逢父親節就會播出，提醒觀眾與聽眾感恩父親之培育。

自從一九八八年的讚頌父恩歌曲推廣以後，一九九二年林昭元先生當社長時也以「父愛」為主題塑造了銅雕置放於台北車站北門，成為約會的明顯地標；而一九九三年出任社長的謝文和先生也受父恩父愛的感召，在任期中置放「阿爸的話」銅雕於新生公園，為單調的新生公園增添鮮活景色。

善事會傳染，一善引起一善，善善會循環。一九九七年接任社長的李承泰先生則是一邊號召社員捐獻，一邊動用親恩基金，於內湖營造了「扶輪親恩公園」而捐送給台北市民。「扶輪親恩公園」經過台北北區扶輪社的五年認養維持，已是綠草滿地，樹葉成蔭，象徵親恩之覆育大地，庇蔭眾人。

一九九七年台北北區扶輪社忙於與台中市五美文教基金會共同舉辦一項有關父愛的活動，即是向社會公開徵求「給父親一封短信」的比賽活動。

在父親節來臨之際，讓社會大眾能感念父親之默默無語之愛，用來表達對父親之感恩。此一活動獲得《自由時報》的支持配合，對社會產生甚大推廣效果——使人常念親情與親恩。

此後台北北區扶輪社就與台中五美文教基金會年年合辦徵求短信活動，乃有兒女給父親的短信、兒女給母親的短信、父母給兒女的短信、阿公阿嬤給阿孫的短信等，年年散播親情。

台北北區扶輪社的合辦對象是設籍於台中市的，專為培養國小高年級生的作文能力、繪畫興趣、愛鄉愛土的五美文教基金會，是五個兄弟為思念其父親而於十年前的一九九五年設立的。

命名為五美乃係五子，且其開台祖先之名乃五美公——思父又思祖。五子之父親為賴煥章公，曾兩任豐榮水利會會長、台中市議員、北屯區區長，並於新民高級中學設有獎學金。賴公一生節儉於自己，卻慷慨於公益。

公益之推動，基本在於個人能否犧牲享受。台北北區扶輪區的社員幾乎均有這種認識，因有此種犧牲享受的認識才能有出力出錢的犧牲，然其犧牲尚不至於捨生破產。如犧牲的程度達到捨生破產，則善事將無法布施了。其程度應是在將餘力餘財奉獻出來，而自己安身立命之基本體力、錢財則仍能保固。

國際扶輪的服務精神之一的「超我服務」，應不是捨我而去服務，如我已消去則哪有何服務之可言？「超我」，應是超出昨日之我的服務，以實現今日之我的服務。意即自己的今日之服務成就要能超越昨日之服務成就，超我服務就是過去的服務被現在的服務超越。

台北北區扶輪社的社員真的是在實踐「超我服務」之扶輪要求，從上述諸例即可見其服務件件超越，年年超越，而其嘉惠對象也是次次超越。台北北區扶輪社員如此超我服務，乃是基於自認幸而有福，乃願將此福與人分享。

將自己的幸而有福分給不幸的殘障人士能有方便行走的幸福。

將自己的幸而有福分給不幸的學子能有讀書的幸福。

將自己的幸而有福分給不幸的求救無門人士能有繼續享受生命的幸福。

將自己的幸而有福分給不幸的失親人士能有享受親情或回憶親情的幸福。

敬請天下自認幸而有福的善人能將幸福分給不幸的人來享受。有幸施福宜早宜多，而施福即積善，積善之家必有餘慶。

——本文撰於二〇〇五年——

上：年年舉辦的「父親百字短信」徵文活動。

左下：「父親給兒女的一封短信」頒獎典禮。左起四為筆者，五為《自由時報》吳董事長。

右下：「父親給兒女的一封短信」頒獎典禮。

讓E世代認識職業的尊嚴

在失業率節節上升，社會充滿不安，而就業生力軍的學生更是對將來懷抱期待與不安之下，政治大學商學院國際會議廳擠得水洩不通，三百五十個人的座位擠進了五百多位同學，兩天都是如此。

本地區的職業服務委員會在三月八日與九日，在政治大學舉辦了認識職業活動，其題目是「E世代職場入門講堂」，邀請了安泰人壽總裁潘燊昌（八日）和台視新聞主播廖筱君（九日）分別各做了一場演講。

時間選定在中午，雖是苦了兩位講師、校方的老師與扶輪社工作人員，卻配合了學生的休息時間，使其享有專注聆聽事成業就的社會人士之演講。

三五二〇地區職業服務委員會在校園（除了三月份在政大，四月份還有二場在文大）推動認識職業活動，是在今年度的扶輪主題——「促進瞭解，採取行動」下進行的。

茲將參與活動，所獲心得分述如下：

一、認識職業

潘總裁指出保險業是將「任何事都會有風險的，都會有意外的，而這些風險或意外，需要有專業人士來幫助，彌補方式將傷害降至最低」的行業，廖主播說：「新聞工作是從事人與人之間的接觸，有人生新聞，有人跑新聞，有人看新聞，新聞是告知社會有何事項正在產生。」

可見職業之存在意義，不僅為自己謀生計也為他人謀利益。扶輪人之職業服務理想，不但要謀自己有關商品或服務之銷售或工作之達成，而且需不斷地奉行為他人設想之原則。

二、從事職業

潘總裁譬喻從業如開車：「開車時不知道前方哪一條路是對的、有沒有風險，因此必須要有好的駕駛技術。這是告訴我們做事前必須要有萬全準備。」也建議：「你可將所有心力專注在一件事情上，專注會使你成功的。」而廖主播則對學生們提醒：「從校園進入職業，都會面臨許多挑戰。重要的是，面臨這些挑戰時，你要適時地抓住機會。機會其實非常多，只是當機會來臨時，你真的能抓住它嗎？」可知從事職業時，要有事前的萬全準備，而工作時貴在全心專注，並且當機會來臨時要能抓得住它。扶輪人之職業服務，在於「貢獻個人之職業專長，提供青年人機會，幫助他人解決特殊需求，增進社會的品質」。

扶輪人從事職業時，有所謂的四大考驗，必須念茲在茲，日省時察。該四大考驗是：

（一）是否一切屬於真實？
（二）是否各方得到公平？
（三）能否促進信譽友誼？
（四）能否兼顧彼此利益？

茲引用兩位講師之言，分述之。

（一）一切真實：潘總裁感嘆：「許多人覺得保險是騙人的，沒意義的。」廖主播說：「平常處理重大新聞時，需要呈現的是真實的……，但是九二一大地震給我們很多的省思。」

所以，職業上的種種猶待人人去追求真實。而追求的真實，也要想盡辦法公諸於世，來呈現事實，以免大眾說未反映真相。

（二）各方公平：潘總裁強調：「要有極高的道德觀。因為商場上，有許多競爭，許多人用不肖方法來競爭，因此會傷害到別人。……要為別人著想，不要傷害別人。」而廖主播則說：「過度曝光的新聞，使大眾對新聞產生不信任感，……陳進興竄逃事件，可說『綁架』了全台灣的新聞媒體，真是一點也不為過。但，這次新聞事件，也顯示了台灣新聞媒體處理態度的不明確性、不公平性。」

因此，時刻反省「是否各方得到公平？」是道德上的要求，也是職業上的基準。

（三）促進信誼：潘總裁說：「之前在香港，我離開一家公司，因為擔心到其他家同業上班，會傷害到以前的同事，因此十三年前，我選擇來台灣創立安泰人壽。寧可繞多一點路，放棄在香港我所擁有的，來台灣從頭開始。」廖主播說：「對記者來說，成敗與否在於有沒有獨家新聞……，每天就這樣諜對諜地競爭。」

可見要出類拔萃，難免會傷及信譽、友誼。如何恰到好處，需要拿捏分寸，處理得宜。

（四）兼顧利益：潘總裁指出：「安泰人壽是唯一運用科技去經營『服務人』的公司，……有投保人，才有安泰。」廖主播語重心長地說：「當有線電視蓬勃發展時，突然之間整個市場發展開來，新聞台之間搶快速、搶獨家的競爭，品質卻沒有因為競爭而提升，……讓大眾對新聞產生不信任感及麻木感。」

需知社會裡有自己就有他人，而社會是自己與他人共生共存的舞台，人人有權利站立在舞台上營生謀利。所以，能否兼顧彼此利益，是人人在舞台上必須具備的起碼禮貌。

從上將兩位講師的語錄分門別類列在扶輪人從事職業的四大考驗項目裡。怕失其真，但願其意更明。可見兩位講師不僅在其專業上有輝煌成就，亦且具有扶輪人日日追求的職業標準。

扶輪社走進校園，舉辦「認識職業」的演講活動，旨在讓尚未進入職場的學生在就學時就能對職業的可貴、職業的尊嚴能有所認識。

學生在就學時能認識職業者，不外乎從其就職的父母、暑假實習、在學打工；而這些經驗，恐怕只能給他們零散、見樹卻不見林的印象。希望「E世代職場入門講堂」的認識職業演講活動能提供較接近完整的職業風貌。

如果這種扶輪的職業服務活動，有益於學生的將來就業任職，則扶輪人不該吝其精力、時間，而需本著其「貢獻個人的職業專長，提供青年人機會，增進社會的品質」的精神，來服務社會。

——本文撰於二〇〇五年——

在變化趨勢中探求服務機會

扶輪的新年度——「扶輪百週年」即將開始，各社大致已擬定了年度服務計畫，但或許有些社尚在斟酌四大服務的活動計畫。

扶輪社既然為社會、國家、國際的一份子，其所處的周圍環境必然影響其服務計畫之擬定。茲以扶輪一份子，提供淺見給尚在尋找服務活動之社員參考。純屬愚者千慮一得，尚請先賢一笑。

四季無常，諸行無常，人生無常，是大家所熟悉的；無常是指變化。吾人之環境是無常的，是時刻在變化的。

變化有點的，霎時的變化；也有線的，成形的變化。這種線的、成形的變化，是重要的、主流的變化，形成趨勢，而莫可抵擋。

扶輪人，既要對職業、社會、國際提供其「超我服務」，則不能不注視此種重要的主流的變化。茲從各種角度提出多種趨勢，並試問從各種趨勢找出服務機會。

從職業上而言

一、電子化：職場上廣泛使用電腦，多方稱便，但高齡者未必懂如何用電腦、如何上網，將會影響其資訊之取得，而形成職業上之化外之民。在這裡，是否有服務機會？

二、洩密：同業之間競爭越激烈，越想探聽其機密，以求取在市場競爭上之勝利，於是探密與洩密就形成供需關係，實則此種供需關係是違反職業倫理的，不幸的是這種認知尚得加強。在這裡，是否有服務機會？

三、轉位：個人從事於某種職業，常有改行換位之情事發生，此種現象或許可歸因為認識不深、適應不良、理念不同等，卻形成個人之浪費、行業之損失。在這裡，是否有扶輪機會？

四、犯罪：利用職位之便，侵害顧客之權益，破壞社會之秩序，使職業蒙羞，在高級知識份子間此事屢見不鮮，可見職業之尊嚴尚有普遍傳播之餘地。在這裡，是否有扶輪機會？

五、成就：「職業無貴賤」是扶輪人之言，然社會未必一視同仁。「行行出狀元」是來自個人努力與社會肯定，然社會之關愛尚欠不足。在這裡是否有扶輪機會？

從社會上而言

一、高齡化：依國際標準而言，台灣的六十五歲以上人口已接近人口總數的百分之十，是十足的老人社會。人因年老，而會有生理疾病、心理毛病之發生。在這裡，是否有扶輪機會？

二、少子化：不生小孩之夫妻越來越多，少生小孩之家庭越來越眾，此會影響小孩之人格形成，也會使父母之愛護有所變化，如中國之「小皇帝現象」，實非吾人所願見，然差距亦不遠。在這裡，是否有扶輪機會？

三、外籍化：在台灣，有越來越多之外籍勞工，有越來越多之外籍新娘，如何使其入鄉隨俗，發揮在地人之肚量，尤其是外籍新娘是台灣媳婦，其所生之子將是台灣之子，如何接納她們、疼惜她們，在這裡，是否有服務機會？

四、血腥化：觀諸電視新聞，似乎若無血就不成為電視新聞。社會上亦常有殺人見血，或虐打出血、事故流血之情事時時可聞。台灣人似乎暴力成性。在這裡，是否有服務機會？

五、八卦化：成名不靠努力，而求諸緋聞，成功不依勤奮，而賴在醜聞，成事不按規矩，而訴於異聞，創造了台灣奇蹟。而在政治上、經濟上享譽於全球的這個社會莫非已由良變惡？在這裡，是否有扶輪機會？

從國際上而言

一、全球一村：因交通、通訊的發達，遠在天邊的事物猶如近在眼前，與我何干的情事卻似身邊要事。人際活動實是息息相關，針對他人瓦上霜，再也不可自掃門前雪了。在這裡，是否有扶輪機會？

二、氣溫暖化：地球溫度有年年提高之勢，氣溫之上升會影響人類的生存、生態的適常、生活的基礎；酷熱、暴雪、旱災、水災等頻仍發生，威脅著人的起居作息。地球只有一個，吾人生活於其上，台灣也是只有一個，吾人能不動於衷？在這裡，是否有服務機會？

三、貧窮深刻：地球上的北富南窮早由經濟學家指出，而經濟已開發的國家——G7或G8也正努力補救之，然其惡化程度日趨令人擔憂。貧窮之因固然很多，而無知可能是其最大因。在這裡，是否有服務機會？

四、戰爭不斷：一九九〇年美蘇冷戰結束，雖言已無戰爭陰影，世界也亮起了和平的光芒，然地球各地卻有以民族為名的戰爭，此起彼落地不斷發火。世界和平，可指日期待？在這裡，是否有扶輪機會？

以上根據能力有限的個人觀察提供些許吾人所處周圍的變化：

一、從事職業的工具——電腦之進來導致了職場的變化。

二、人口結構的變化形成了社會的病象。

三、地球資源因人的貪而有日趨不寧的現象。

這些變化，影響著吾人有生之年的幸福，如不由吾人來防治，則將遺害於子子孫孫，是吾人所不樂見的。扶輪人貴在實踐「超我服務」，則不宜言難以找到服務機會，樂觀而言，扶輪人的服務機會實存於身邊！

——本文撰於二〇〇四年——

伸出援手
——改變人生的服務

李翼文董事長於五月下旬在台北市北區扶輪社例會上就「文化發聲美不勝收」做了一場令人發省思的講演。在演講最後變出了一面扶輪旗，上面寫著「伸出援手」。

「伸出援手」是國際扶輪的二〇〇三至二〇〇四年的年度服務主題。在全球推動扶輪服務的習慣下，國際扶輪都會訂出國際扶輪服務年度主題發動全球超出百萬名扶輪社員在當年為自己國家、自己社會去從事符合當地需要的扶輪服務。

「伸出援手」的扶輪服務剛巧是李翼文董事長當任國際扶輪三五二〇地區的總監，做為國際扶輪的地區總監，他有責任督導地區扶輪人來從事「伸出援手」的服務。

在台灣的進口奶粉、糖果界裡李炳桂先生是盛名遠播的貿易通商人士。於一九七八年十月筆者承受其好意加入台北市北區扶輪社而成為扶輪一員，轉瞬間已過三十五年。他所伸出的友誼之手，使筆者在扶輪社內與外享受了人間溫暖，學習了生活意義，知曉了人生價值，感受了人生有味等。

在扶輪社裡要從事服務工作，則人才與錢財是重要的二輪，雖非必要但卻是需要的。國際扶輪年度大會每年於各國都市舉行，一九九四年台北市經過角逐在許多都市中脫穎而出獲得當年之國際年會主辦者。

三年前展開籌備工作，終在一九九四年台北市接納了來自百國的扶輪人超過萬人與會。萬人「乾杯在台北」，展開了甚有意義、確有服務的扶輪公關。當時筆者幸為年會籌備委員之一，而與李翼文前地區總監並肩作業，各自分擔任務而合作無間。

國際扶輪台北年會在當時與事後甚受國際好評之下，「乾杯在台北」主題在扶輪人聚會持續響亮了好多年。

國際年會在獲得熱烈掌聲之後，台北的籌委會就要做結束工作了。一切都令籌委會笑臉大開，唯有一項使籌委會愁眉不展。實際上，舉辦一項活動不管其為國家的或城市的，大型的或小型的，在在需要充實的經費後盾。

籌委會在事前已在自籌、補助、贊助等三項做了萬分準備，且信心十足。然而後來，自籌款超額，而補助款與贊助款因支助者的臨時變卦而略顯不足。開會，再開會，籌委們個個絞盡腦汁找財源以補不足。

籌委們緊張討論可否增加扶輪社員所負擔的自籌款部分，因為社外的補助款及贊助款已事過境遷難以拜託。想啊想，人人提案，人人否定。就在人人想盡辦法而尚無好點子時，台北市東區社的蔡崇文前社長說出：「我來攬尾。」其音雖小，然所獲掌聲卻是大又久！

蔡崇文前社長在人人困難時「伸出援手」解決了國際年會的善後事宜。若非他，國際扶輪人所舉大拇指的國際年會恐怕就要留下美中不足的遺憾了。

在扶輪服務中會遇到心驚肉跳之事，雖非常有，然偶有之。

將就任為國際扶輪總社長的黃其光先生，在擔任三四五地區總監時，他打破

「好事不必為人知」的舊有想法，要積極地將扶輪服務向社會公開。為此，舉辦「迷你馬拉松」，其跑步路程是由中正紀念堂經過仁愛路而終於國父紀念館。路跑距離不符合正式，故稱迷你馬拉松。

他年輕得志又新官上任，有一股朝氣要把扶輪活動辦得完善美好，因此在籌備上花了很多人力、物力及時間。

當時國際扶輪三四五地區涵蓋著香港、澳門及台北市等三地。地區總監需奔走於廣大空間，有賴旺盛的體力。要從事眾多有益他人之服務，健康的身體尤不可或缺。於是在這種認知下，籌備會就決定費用自籌。

但，因是首次舉辦，活動內容與形式必須「澎湃好看」，以滿足扶輪社員之期待。然在考慮扶輪社員之個個負擔金額不宜太多以免殺其興趣之下，產生了經費不足之危境。籌備會委員個個面有難色。

此事雖非關己，然做為籌委會一員就不能不關心。於是在台北市北區扶輪社例會上說出憂慮，同桌社友大表關心而議論紛紛。在爭論幾番之後陷入人人搖頭嘆息、措手無策時，社友張道炷低聲細氣說：「如找不到金主，就由敝公司黑松來攬尾。不知可否？」黑松公司總經理如此提案，誰敢否決？

於是在例會後趕緊將黑松公司願贊助迷你馬拉松會經費之訊息轉告籌委會。黑松公司總經理張道炷之細聲低氣提案解決了三四五地區辦理台灣扶輪路跑首次活動之困局。張道炷社友「伸出援手」，扶輪得以運轉！

扶輪人為扶輪事會「伸出援手」，以助人成事。

台日扶輪親善會成立翌年理事長林士珍意欲展開台灣與日本二國之間的親善活動，乃籌畫了日本國寶人物島岡達三來台展覽其陶瓷作品並演講。

台灣與日本之間的扶輪社有結為姊妹社之聯誼，共推扶輪服務，共享扶輪友誼。這種社間活動維持著良好關係且有紮實成果。

親善會則是在二國之間共推文化、藝術、教育之事項，以分享異國之精華。於是島岡達三日本人間國寶之陶藝作品在台灣展覽就浮上枱面。

這一國寶人物之陶藝作品在台展覽獲得雙方親善會扶輪人之熱烈支持，且緊鑼密鼓地展開籌備。在台籌備小組經過多次會議，選擇場所，擬出運輸，想好文宣等等。最後是選出作品，有待前往日本益子町島岡陶藝館。其陶藝作品毋庸置疑是日本國寶人物之傑作，然能否投本地社會之喜好，有需要事先做個選別。

於是陪同林士珍理事長夫婦前往日本，會見佐藤千壽夫婦等日本扶輪人。佐藤千壽先生是扶輪親善會之最積極鼓吹者，時年已達八十八米壽。

由東京到益子町是很遠的路程，又無鐵路市電可順達，正在討論如何前往時，有位坐在桌角的日本扶輪人，舉手後徐徐站立，細氣但清楚發言：「我願陪同前往，並提供一部車輛讓台灣貴賓使用。」於是前往考察的交通問題因有人「伸出援手」而頓時獲得解決。

此位日本扶輪人是圡屋亮平前地區總監。他曾是國際扶輪總社社長的代表，於二〇〇七年來台出席三五二〇地區的地區年會。之後圡屋亮平前總監在近三年中，年年不斷率團來台灣，在烏山頭水庫湖畔種植櫻花；並率學生五十名來台與台灣學生交流，並拜會李總統登輝聆聽「哲學之道」。圡屋亮平先生可謂是「愛上台灣的日本人」。

扶輪人會「伸出援手」來協助扶輪事之推動，然扶輪人也會「伸出援手」來協助非扶輪事，而其事之「參與」者都是扶輪人。亦即扶輪人「伸出援手」給扶輪人，是扶輪服務透過公益社團之扶輪服務之延伸。

當台灣的外銷越來越旺的時代，有鑑於廠商的國際信息、行銷技術等有必要引進台灣，乃由有識之士發起行銷傳播社團之成立。衡諸世界，有不少先進都市均有行銷傳播經理人之組織，於是成立了「Marketing Communications Executives International Taipei」的組織，在台灣則受限制乃登記為「中華民國行銷傳播經理人協會」。

行傳協會一成立就積極與東京會、日內瓦會、布魯塞爾會、三藩市會交往，並選拔台灣的行銷傳播卓越活動送往國際做案件比較，也組團前往東京、日內瓦、布魯塞爾、墨爾本等參加國際年會等。

行銷傳播經理人協會是憑一股輸人不輸陣的熱誠而成立的，經費來自會員繳納；要推動國際事務以展現台灣實力，在經費上是有所不足的。好在起頭初始幸獲經營雜誌進口有成的陳嘉男台灣英文雜社董事長的「伸出援手」在每年會員大會前的捐獻，其金額總結收支平衡外又有結餘，使擔任理事長的筆者及屆屆接任者感激。

陳嘉男董事長是台北西區扶輪社前社長。行銷傳播經理人的培養非扶輪服務事，卻是扶輪人「伸出援手」支援了社會服務團體。

如今傳播委員會為著傳播媒體壟斷市場的爭議弄得焦額爛頭，三十年前傳播學者與廣告業者就為此而組成了發行公信會的民間組織，以究明《聯合報》與《中國時報》的發行份數誰在百萬份之上，查明發行份數可使平面媒體在廣告交易上進入公平狀態。

意謂報社自稱發行份數來自訂廣告版面價格，對利用報紙以推銷商品或服務之刊登廣告廠商顯然有不公平之嫌疑。除了報社對廠商有不公平之外，在眾多報紙之間亦有不公平之競爭情況。因此，如有第三者機構站在公平客觀立場來查核其登行份數則會具有公信力，廣告版面買賣雙方就有公平立場，而彼此互信，如此信用社會就得以建立。

當時報紙競爭之激烈，除了體現在採訪新聞外，也體現在廣告業務上，可謂爭得你死我活狀態。廣告廠商為使其報紙廣告發生實際效果，必須先研究報紙之發行份數，以計算廣告到達人數及千人成本值。

但不幸的是，報紙發行份數無法取得，只能依據的是報社的自吹自擂份數，毫無公信力可言。

傳播學者、廣告業者、公益人士等三方人士組成的「發行公信會」於焉出現。在成立大會時，政府官員來道賀，對稽核報紙發行份數一事認為不可能，然公信會之成員則堅定信心要將不可能變成可能。

該會初期真是困難重重，沒有一家報社願接受公正稽核，也沒有使用廣告版面龐大的廠商願公開成為會員。公信會雖成形卻無報可稽，唯有向報紙、向廠商說明廣告版面交易需要有公信的數據方能有交易的立場。教育性的啟蒙工作推動得辛苦，而人員、推廣在在需要經費，唯有支出卻沒有收入，情況頗慘烈。

在絕望關頭時，當時任董事之一的李伸一律師自告奮勇「伸出援手」找廠商來捐獻，記憶所及應有二次。「伸出援手」的李伸一律師是台北士林扶輪社前社長，而救急救難的貴人是商譽滿天的金車飲料董事長李添財。

渡過初期難關後，發行公信會迄今依然存在，依舊操作，真方便了買賣雙方。報紙、雜誌之稽核工作雖非扶輪事，卻得到扶輪人之關懷與「伸出援手」才得以延續為廣告交易雙方進行公開、公並、公平之公信制度。一個良善的業界制度，因得扶輪人的「伸出援手」而得以建立並延續。

廣告有利於商品之在社會上推銷，然廣告只是手段，亦可為社會公益所使用。五十年廣告生涯曾使用廣告於商品銷售、企業公關、政府形象、總統選舉等，早就有心要將廣告運用在社會公益上，然身在公司業務上忙碌，短時間難以盡如心所願。

從業界身退後，有朝一日與台北西區社前社長陳嘉男和台北東海社創社社長徐重仁閒聊，談及社會道德、社會風氣、社會秩序等問題時，將推展公益廣告之想法拋出，居然得到不同凡響。上述二位在從事本身業務之餘，又經常以佛心推動社會良心之建立，社會善事之推廣。

陳嘉男社友說「組織之運作經費若有不足，願來充足」，徐重仁社友則願提供「人員、辦公空間」。於是在二位「伸出援手」後，台灣公益廣告協會終於誕生。這種以廣告來做社會公益的組織，於今世上存在於美國、日本、韓國等，僅僅四個國家。

台灣公益廣告協會設址於徐重仁先生所服務的家喻戶曉的7-11便利商店。經過十年從事公益廣告後，目前移籍在義美食品公司，而由該公司總經理高志明領導廣告廠商、廣告媒體、廣告公司在賺利有餘後行善社會。

一個人的一席話，聯想起眾多扶輪人不吝「伸出援手」於扶輪事、社會事。彼等的勇氣善心建立了很多制度，推動了好多善事，是以「伸出援手」可改變眾人人生。雖非扶輪人亦可「伸出援手」來幫助別人，賜福眾生。

——本文撰於二〇一三年——

日台扶輪親善會會員大會在日本京都舉行，與日方代表土屋亮平攝於會場，土屋先生在烏山頭水庫種植櫻樹，年年贈送樹苗持續已有五年。

作者與土屋亮平會長之合照。在其所經營之飯店大廳背後之蒙娜麗莎係台灣鶯歌燒製之馬賽克畫。

創新服務

——五十五年的愛將再傳承分享

台北市北區扶輪社於三月二十五日歡度其五十五週年慶。其慶祝活動分兩天舉行，本著其五十五週年服務主題「傳承分享，讓愛轉動」熱熱鬧鬧展開，有各種活動陸續登場。

其一項活動是「路的論壇」，邀請國際著名服飾設計家吳季剛來演講與對談。由《遠見雜誌》主辦，北區扶輪社協辦之。主角吳季剛是該社前社長吳昆民之公子，因設計歐巴馬夫人就職典禮禮服而聞名於世。吳季剛小時候就萌發對衣服設計之興趣，其母陳美雲女士乃順從其興趣送至國外讀書，學習於加拿大、美國等服裝設計前進國家。此學習之路從設計到創業近二十五年，據其在論壇上之言，備嘗辛苦。

從其言詞可知其時常陷在兩難之間，如想學與想家，如為人設計或自己創業等，而必須在二者擇其一間掙扎。擇選經過至為痛苦，然擇後之心情快樂則難以言喻。

吳季剛今年三十一歲，雖已是三十而立之年，但在而立之年就已成為國際著名人士實非僥倖所至。從其侃侃而談的長路——是荊棘之路，就知成名之路異常艱辛。八十老翁不禁為三十少年仔鼓掌叫好。

吳季剛在論壇中說：「如果沒有媽媽，人生不可能達到今日的成就。」可見媽媽陳美雲女士是他的支持力量，他的靈感來源。難怪社長鍾梁權要買其母著書《愛，讓孩子做自己》來分送給寶眷聯誼會會員。至於其父雖未被公開道謝，然吾等社友均心裡有知，他是供應學費與經費的人。其父一邊營利一邊捐錢及辛苦主持台北市生命線協會。從其論壇的發言，實可感受吳家親子間有愛的分享，有愛的轉動。

台北北區扶輪社創設於一九五九年，是台灣尚處農業社會時代，創立一年後方有「獎勵外人投資條例」之頒布。此條例促使台灣由農業社會走上工業社會，而使社會問題漸漸滋生。台北北區扶輪社應是生逢其時，有許多服務可推動。從其五十五週年特刊的回顧來看，該社確實舉辦過好多服務事項，如家庭的、教育的、人道的、親情的等等。

其中有一項扶輪服務延續迄今。該項人道的社區服務是於一九六九年捐贈二支電話，而促使台北市生命線協會成立。促使成立後並未撒手任其自生自滅，而是不斷給其人力，給其財力，扶持其壯大。如其理監事成員幾乎由北區扶輪社前社長來出任，其數近十人。如「生命線緊急通報系統ｅＳＯＳ」之建置，及「台灣ｅＳＢＳ系統」之完成，應是北區扶輪社為主體「全球獎助金」之努力。

此次為慶五十五週年又在台北市生命線協會建置了「自殺危機管理ｅ學院」，亦是應用了京都北區、大阪北區、東京北區、首爾南區、泰國吞府里等五社運用國際社區服務之捐獻而成。北區扶輪社所交往之姊妹社均富有友誼之愛、人道之愛。

另有一項扶輪服務自一九九八年延續迄今的則為「父親給兒女的短信」，已有十七年之久。其中有次在二〇一一年東日本發生三一一大震災時，曾將其短信譯為日文印成小冊攜帶至災區慰問災民。此舉使住在臨時住宅的災民大為感動而連連行禮說：「感恩台灣！」台灣的父親們真是做了一善事——人道的支援，國際的友誼。對人間的關懷慈愛不分國界，超越國界。

本件社區服務亦可變成國際服務，是在轉念之間讓愛有了轉動，把愛分享給受災異國人。這一「父親給兒女的短信」係與台中五美文教基金會合辦的。五美文教基金會是由賴家五兄弟為紀念父親賴煥章先生而捐資設立，其目的是在推動各項社會教育、提升社區文化、心存感謝故鄉等。

另有一項已有三十五年之久的服務活動，那就是「扶輪親恩獎學基金」，該基金支助學生的獎學金已達近三千萬元，嘉惠大學生有八百五十七位。發放對象是雙親雙亡或雙親單亡的品學兼優大學生。發給學生的獎助金由社員捐款，社員逢喜就捐，如自己生日、父母做壽、子女成婚、職位高升、獲得訂單、搬遷新房等等。一人一生當中總有不少喜事，社員願將此喜分享出來，就以捐給親恩獎學基金來具體表示。因為喜心之來源是得自雙親之恩情。

五十五週年的台北北區扶輪社社慶活動分兩天舉行：二十五日是授證慶典與歡迎晚會，二十六日是友誼交流和歡送晚會。

扶輪社要成立並展開其服務活動需要事前獲得美國芝加哥總部的認可並取得授證，得到認可授證的當天方為正式成立日。認證典禮就需要有國際總部的代表祝賀，這次是地區總監黃金豹來會。他祝賀台北北區扶輪社五十五年來之服務成就有目共睹，是地區的模範，不愧為龍頭社。然後就是北區扶輪社的姊妹社，有京都北、大阪北、東京北、首爾南、高雄、九龍、吞府里等七社的社長或代表上台祝賀生日。

週年慶總要有紀念性活動，台北北區扶輪社就是捐贈「自殺管理e學院」給台北市生命線協會，已如上述；但慶典中再來一次，以告知更多人士，請更多人廣為宣傳來利用此網路設備，以減少全台灣之自殺件數。好事需要更多好人來推動，人間關愛方能廣被。

五十五週年慶的晚會則是多彩多姿，有職業的，有業餘的：如地區總監黃金豹即為台北北區扶輪社高歌一曲，震撼全場；如水晶球表演真是吸引人目光，令全場叫好；如笙獨奏使全座寧靜無聲，只唯笙聲扣人心弦，使人陶醉。主辦人策畫餘興節目真行！

至於週年慶的友誼交流，則除了在現場的面對面的問暖噓寒外，就是安排遊覽到宜蘭的傳藝中心，或台北市郊及市區觀光，或高爾夫賽，三路人馬回來參加歡送晚會時個個叫喊：「玩得夠痛快！」彼等的聲音，就是主辦者的預期需要，真是主客同歡，拍手叫絕。

至於翌日的歡送晚會則是主客惜別氣氛濃烈，瀰漫於整個會場。該晚會的最大特色在於來客的姊妹社各表演一場：京都北表演了踢踏舞，鞋聲亮，舞姿妙，感動了好多人從椅子站起來觀看；東京北則合唱娛客；呑府里則是社長夫人帶頭與社友跳泰國舞，優雅柔軟身段使客人也伸手學指尖搖擺；首爾南則是全體拿著扇子齊唱〈阿里郎〉名歌，眾多客人哼聲和之；大阪北個個穿白色西裝上衣雅而貴，合唱一首名謠。至於主辦者的台北北區扶輪社則是由社友組二隊弦樂演奏〈花會盛開〉與〈望春風〉，因二首歌均是名曲，故博得全場喝采久久方休。歡送晚會由是結束，值得懷念、紀念的五十五週年慶祝活動亦休止。燦亮辛苦的五十五年如此過去！

社長敲鐘宣布散會，意謂過去五十五年來的服務至此完成。然其敲鐘聲音卻迴響於滿堂，似在告知台北北區扶輪社社員將會有另一個可期待創造服務的嶄新五十五年，未來定可將其服務以更新創意傳承分享。

——本文撰於二〇一四年——

台北北區扶輪社五十五週年慶時，來台慶賀之友社代表上台合唱〈生日快樂〉歌，溫馨滿堂。

賴東明扶輪社紀事年表

三十七年扶輪服務一路走來，從聯誼中從事服務，從服務裡增進友誼；從增齡中獲得人生溫暖，從人生溫暖裡學習捨得；從經驗中知曉可貴，從知曉可貴裡懂得施捨；從快樂服務中領悟助人是樂，從助人是樂裡感謝社會眾人。

一九七八年：進入台北北區扶輪社，幸得李炳桂先生與林進財先生推薦。之後曾任扶輪四大服務之主委任務以及糾察長，每週解釋一句廣告標題，以進行募款，維持秩序及宣揚職業。之後出任副社長、社長當選人等。

一九八七年：擔任第二十九屆社長。留下事蹟有社員人數破百，達一百零一人。帶團訪問國外姊妹社達九社，邀請彼等來參加本社三十週年慶典，大會成盛典。

一九八八年：擔任國際扶輪三四八地區地區年會籌備會副主委兼執行長。

一九九一年：擔任國際扶輪三四八地區公關主委，籌辦扶輪迷你馬拉松比賽。

一九九四年：擔任國際扶輪國際年會台北大會籌備會委員。提出大會主題為「乾杯在台北」。發布台北大會消息共八篇於扶輪「國際」刊物。參加者共有三萬人之多。

一九九七年：推動北區社區服務活動——「父親的短信」徵求，與《自由時報》合作；迄今已有十八年，年年發行小冊分贈。

一九九九年：推動免費贈送漫畫《別掉進網路陷阱》，係由台北北區扶輪社與東京惠比壽扶輪社會合辦，該漫畫曾發送到台南市、澎湖縣、台北縣及台北市等國小、國中。

二〇〇〇年：陸續出任董氏基金會董事長、五美文教基金會董事長、好鄰居基金會董事長、台灣公益廣告協會理事長、國際行銷傳播經理人協會台北分會理事長等。

二〇〇六年：參與台日國際扶輪親善會之籌設，出任常務理事迄今已三任。參與在台灣台南烏山頭水庫種植櫻樹，連續已有五年。目前種植之櫻樹已開花娛人。

二〇〇九年：擔任台北扶輪社「箍桶會」召集人迄今已有六年，幸得社員留存率效果。

二〇一二年：擔任台北北區扶輪社「扶輪親恩基金」主委，迄今三年，甚受大學生歡迎。

二〇一三年：擔任「扶輪親恩基金」主委，感謝社友熱烈捐獻。思親、愛親是基金動力。

二〇一四年：擔任「扶輪親恩基金」主委，受獎學生增多，有關大學增加。

總之，做扶輪人的心得是：人上有人，人是互撐互助的；先利人就會利己；求成人之美。

後記　幸有賢達賜與機會

一九六一年五月國華廣告公司成立，在報紙上看到其在招攬會計成員，讓我毛遂自薦前去應徵，明知自己非該項人才。幸獲通知去筆試與面試，可謂找到機會而此後享受了五十餘年的廣告人生涯。

廣告五十餘年，這佔此生之一半以上。此半生所做之事想來不多，今幸有機會來口述此路過之景象及事件，實三生有幸。

在廣告方面有：二〇〇一年亞洲廣告會議，有國華廣告及聯廣之任職。

在傳播方面有：廣播節目評鑑委員及主委，廣播執照審議委員，電視第四台執照審議委會主委，金鐘獎評審委員，報紙暨雜誌發行公信會發起人，新聞局報紙明禁研究小組九人成員之一，廣電法修正委員。

在教育方面有：任教於文化大學、政治大學、實踐大學、輔仁大學等，提供「明梅廣告策略競賽獎學金」於文化大學、政治大學、輔仁大學等三校，先後有約十二年之久。

在公益方面有：五美文教基金會、好鄰居文教基金會、董氏基金會等董事長之職，國際扶輪台北北區扶輪社社長，國際行銷傳播經理人協會、台灣活動發展協會、台灣公益廣告協會、台灣精品獎選拔委員會等之理事長、召集人。

在其他方面有：艾美獎亞太地區評審員，紐約傳播獎（N.Y.F.A）評審人，大專院校評鑑委員，二〇〇一年亞洲廣告會議籌備會副會長兼執行長，一九九四年國際扶輪年會台北大會籌備委員兼文宣推廣部部長，台灣精品審議委員會委員。

在榮譽方面有：經濟部「首屆廣告終身成就獎」得主，新聞局「金鼎獎最佳專欄作家獎」得主，國際SME協會「最佳推銷金像獎」得主，國立台中一中「傑出校友獎」得主。

總之，五十餘年來幸有賢達賜與機會並時賜教導、鼓勵等，方有上述人生花片，我心深感謝。

秀威經典　新視野07　PC0527

人生有味
——側身服務巨輪

作　　者 / 賴東明
責任編輯 / 辛秉學
圖文排版 / 楊家齊
封面設計 / 蔡瑋筠

出版策劃 / 秀威經典
發 行 人 / 宋政坤
法律顧問 / 毛國樑　律師
印製發行 / 秀威資訊科技股份有限公司
114台北市內湖區瑞光路76巷65號1樓
電話：+886-2-2796-3638　傳真：+886-2-2796-1377
http://www.showwe.com.tw
劃撥帳號 / 19563868　戶名：秀威資訊科技股份有限公司
讀者服務信箱：service@showwe.com.tw
展售門市 / 國家書店（松江門市）
104台北市中山區松江路209號1樓
電話：+886-2-2518-0207　傳真：+886-2-2518-0778
網路訂購 / 秀威網路書店：http://www.bodbooks.com.tw
國家網路書店：http://www.govbooks.com.tw

2015年12月　BOD一版
2021年4月　BOD修訂二版
定價：320元

國家圖書館出版品預行編目

人生有味：側身服務巨輪 / 賴東明著. -- 一版.
-- 臺北市：秀威經典, 2015.12
面； 公分. -- (新視野；7)
BOD版
ISBN 978-986-92097-1-7(平裝)

1. 賴東明 2. 臺灣傳記

783.3886 104014480

讀者回函卡

感謝您購買本書，為提升服務品質，請填妥以下資料，將讀者回函卡直接寄回或傳真本公司，收到您的寶貴意見後，我們會收藏記錄及檢討，謝謝！

如您需要了解本公司最新出版書目、購書優惠或企劃活動，歡迎您上網查詢或下載相關資料：http:// www.showwe.com.tw

您購買的書名：____________________________________

出生日期：________年________月________日

學歷：□高中（含）以下　□大專　□研究所（含）以上

職業：□製造業　□金融業　□資訊業　□軍警　□傳播業　□自由業

□服務業　□公務員　□教職　□學生　□家管　□其它_____

購書地點：□網路書店　□實體書店　□書展　□郵購　□贈閱　□其他

您從何得知本書的消息？

□網路書店　□實體書店　□網路搜尋　□電子報　□書訊　□雜誌

□傳播媒體　□親友推薦　□網站推薦　□部落格　□其他__________

您對本書的評價：（請填代號　1.非常滿意　2.滿意　3.尚可　4.再改進）

封面設計____　版面編排____　內容____　文／譯筆____　價格____

讀完書後您覺得：

□很有收穫　□有收穫　□收穫不多　□沒收穫

對我們的建議：____________________________________

請貼
郵票

11466
台北市內湖區瑞光路 76 巷 65 號 1 樓
秀威資訊科技股份有限公司 收
BOD 數位出版事業部

(請沿線對折寄回,謝謝!)

姓　　名:＿＿＿＿＿＿＿＿＿　年齡:＿＿＿＿　性別:□女　□男

郵遞區號:□□□□□

地　　址:＿＿＿＿＿＿＿＿＿＿＿＿＿＿＿＿＿＿＿＿＿＿＿＿

聯絡電話:(日)＿＿＿＿＿＿＿＿＿＿(夜)＿＿＿＿＿＿＿＿＿＿

E-mail:＿＿＿＿＿＿＿＿＿＿＿＿＿＿＿＿＿＿＿＿＿＿＿＿